夢瑜伽與自然光的修習

南開諾布仁波切 著
Chögyal Namkhai Norbu

歌者 譯
The VoidOne、石曉蔚 審校

Dream Yoga and
the Practice of Natural Light

目錄

Contents

譯者序

尊貴的南開諾布仁波切是最早將大圓滿教法傳入西方的大圓滿上師之一。從最初知道仁波切到跟隨他修法至今，對仁波切逐步深入瞭解所一直伴隨的是內心不斷加深的折服和讚歎。南開諾布仁波切能夠令人折服和讚歎的地方有很多：作爲學者在藏學領域有令人讚歎的博學，作爲大圓滿行者所顯現的無礙自在，作爲成功的大圓滿上師敢於適應當今社會環境，還原噶拉多傑祖師大圓滿直指風範的無畏、智慧和慈悲；但眞正讓我發自內心地折服、讚歎並矢志不渝地跟隨的，是他那些直指本心、實際有效地融入日常生活的諸多珍貴教法。正如這本《夢瑜伽與自然光的修習》中詳盡介紹的夢瑜伽和自然光修法，就是教導我們如何在占人生近三分之一時間的睡夢中進行重要修法，以增進覺知的持續，並幫助明性的提升，同時也爲每個人都遲早要面對的死亡做好最實際的修行準備（因死亡狀態和睡夢狀態有極大的共同處）。對於一個眞正想修行的人來說，修法並不應該只是在每日的有限時間裡進行冥想、念咒、靜坐，而後又重新落入瑣碎生活的散亂之中。想來，一直困惑衆多新、老修行者或者佛教徒們的眞正問題，不正是無法讓高山仰止的佛法在實際生活中眞實而活潑地呈現嗎？以己之心度人，想必天下有衆多與我一樣渴望瞭解自己眞實本性和眞理的人，也如我一般多年來孜孜不倦地尋求著。正因爲如此，我迫切希望跟衆多的有緣讀者分享仁波切的教誨。

而這並不是導致這本書翻譯出版的唯一原因。此書爲南開諾布仁波切所著《夢瑜伽與自然光的修習》的新版，較之前在一九九九年台灣大手印出版社出版的第一個中文版，增加了大量的新內容。在看到二〇〇二年的英文新版之前，我曾經詳細閱讀過《夢瑜伽與自然光的修習》中文第一版。所以在拿到英文新版時，我們關於是否需要重新翻譯第二版，以及如何翻譯進行過討論。起初曾經認爲已經有過翻譯版本，即使是第二版重新增加了部分內容，但要重新全部再譯一次也許會有許多重複勞動。但一些原因讓我們最終還是決定全部翻譯新版《夢瑜伽與自然光的修習》。在細讀中文第一版並將之與英文原版進行對照後，我們發現：首先，由於翻譯者和校對者並沒有實際跟隨南開諾布仁波切修學的經歷，尤其是沒有接受過仁波切此教法的傳承，並且不具備此夢瑜伽的修行經驗，因此不可能對仁波切此書內容有足夠正確的理解，從而在相當程度上影響到中文翻譯表述的準確；其次，單就翻譯的語言方面來講，也多有未忠實原文、自我發揮的情況。事實上，一代佛法導師運用語言的方式也會表現其眞正風格。爲傳達出仁波切講法的原貌，編者保留了仁波切特有的語法方式，儘管這些語法方式不同於正常語式。因此，出於對南開諾布仁波切以及仁波切所傳授珍貴教法的尊敬，也爲了儘量以原貌爲讀者展現出仁波切和他的教法風格，我們最後還是決定翻譯《夢瑜伽與自然光的修習》第二版。

還必須說明的一點是有關舊版《夢瑜伽與自然光的修習》，南開諾布仁波切對加行的看法以及與苯教傳承的關係。

南開諾布仁波切一般不要求接受大圓滿教法者必須完成五加行（類似的當代大圓滿傳法者，有阿秋喇嘛的心子益西嘉措仁波切、門色堪布的心子阿克班瑪上師等不少大圓滿上師）。仁波切說，大圓滿的核心要義就是噶拉多傑大師的椎擊三要。

「椎擊三要的第一個就是上師的直指，上師直指的意思是上師直接將弟子帶入本性狀態，當然這就是教法的精華部分。那麼當時噶拉多傑大師爲什麼不先教所謂的加行呢？並不意味著噶饒多傑大師忘記了這一點，而是因爲加行並非大圓滿教法的重點，大圓滿教法的重點是發現我們的自性，爲什麼其他的教法傳統總是先提出修加行呢？這是比較傳統的方式。」（詳見：http://www.wuyangzhijie.com/forum/viewtopic.php?f=47&t=1296&sid=ce047079ee8d4ad4f21da8f8dd49ac07）

在當代大圓滿經典著作《水晶與光道》（中文版）第九〇頁，仁波切說到：大圓滿採取另一種方式，其原理與密續的不同。噶拉多傑並沒有說：「先教四加行」。他說第一件事是上師應授予直接導入，並且弟子應致力進入本來狀態，由他自己發現此狀態究竟是怎樣的，以致對它不再有任何懷疑。然後弟子應努力保持在這個狀態中。當障礙升起時，行者採用某種修法來克服。若行者發現自己缺乏某些能力時，則可以做一些啓發這類能力的修法，是故我們可以看出大圓滿的原則是依於行者的覺知來決定什麼是需要做的，而非依於一個對每個人都一樣的強制規矩。

仁波切說，有的人一輩子都在修五加行，有時沒有修完就已經死了。大圓滿教法不應該先斷言人的根器，應該讓所有對大圓滿教法有眞實興趣者，有機會得到一位具格的大圓滿上師的心性直指，在這種直指和反覆引導之下，一直無法升起本覺經驗者，則有必要轉而修五加行。而且仁波切的九乘佛法聞思修課程 Santi Maha Sangha 中有大量的前行內容，所以說南開諾布仁波切不重視或否定前行是完全錯誤的。

一直到七、八百年前，加行的傳統才從噶舉派中興起，在此之前的一千多年間，並沒有加行存在。幾百年前的藏傳祖師們採取加行的做法，正是爲了適應當時的時代狀況和弟子根器，這在當時正是一種與時俱進，這是符合佛教教法的根本原則的（佛陀本人在世時也根據僧團情況變化而調整戒律，根據弟子不同時期的狀況而給予不同教法）。同樣，當今全球總體進入後工業時代，工作、學業、生活的緊張繁忙，已讓大多數人失去了花費大量時間、保質保量地完成加行的可能性。很多人只是利用閒暇時間湊數量而已，因此有時反而失去了加行的意義。因此，在這種情況下以大圓滿正行直指心性，並以覺知爲紐帶統攝一切座上座下狀態，就成爲對許多人而言修學大圓滿的更加有效和相應的方式。這正是和當初祖師們確立加行傳統一樣的與時俱進！

長期以來，漢語世界中的相關人士鑑於語言差異和資訊溝通的欠缺，對南開諾布仁波切關於苯教的觀點頗有誤會。在《夢瑜伽與自然光的修習》中文第一版的譯序中曾提及，南開諾布仁波切是忠實的寧瑪巴行者，但南開諾布仁波切說在蓮花生大師等應藏文赤松德贊之邀將佛法傳入西藏之前，從後藏象雄地區早有佛法傳入。這完全是一個誤解或訛傳。以我們長期以來親近南開諾布仁波切（曾在澳洲、義大利與仁波切一起禪修數月，並於仁波切義大利家中住過一段時間）的經歷，以及我們數百小時、上百萬字的法會開示和書籍法本翻譯來看，南開諾布仁波切從來不將苯教教法和佛法混爲一談。

在其劃時代的古代象雄、吐蕃歷史大作《岡底斯之光》（*Light of Kailash*）中，南開諾布仁波切清楚地表明了自己的觀點：第一、在古代象雄的苯波傳統中，有一支象雄年居（口傳）的大圓滿傳統，但僅限於簡捷的口傳精要，而沒有佛教寧瑪巴大圓滿傳統中的心部、界部、竅訣部的詳細實修引導和竅訣指示。佛教寧瑪巴大圓滿心部根本密續《菩提心普作王》中說，在宇宙中有十三個太陽系中（的行星上）有大圓滿教法的傳播。佛陀當年傳授佛法時，並沒有一個「佛教」的名稱或標籤。在苯教中有大圓滿教法的存在並不是完全不可能的事情。但苯教只有三千九百多年的歷史，而根據佛教大圓滿竅訣部根本密續《聲應成續》，佛教的這支大圓滿傳統在遠古時期就已經存在，在七千多年前的年佐迦波（界部主尊）時期的教授至今還很在佛教大圓滿傳統中鮮活地持續著。所以，仁波切並不認爲苯教大圓滿傳統早於佛教大圓滿傳統，更不認爲佛教大圓滿源於苯教大圓滿。第二、南開諾布仁波切清楚表明，他不是苯波的人。第三、後期苯波佛教化很嚴重，有大量抄襲佛教經典的情況，與其學習這些內容，不如直接學習佛教（http://www.wuyangzhijie.com/forum/viewtopic.php?f=47&t=1677&sid=41ef92928543b43d94a563437c422f5，詳見《南開諾布仁波切「岡底斯之光」書展開示——關於西藏古代史和對苯波的眞實觀點》）。鑑於佛教界和苯教界雙方目前都存在的對南開諾布仁波切的誤解，我們希望這個長久以來的誤解由此獲得澄清。

南開諾布仁波切多年來所傳授教法，皆爲傳承清淨而純粹的寧瑪巴大圓滿教法。

寧瑪巴早期大圓滿傳統是以心部、界部、竅訣部教授（分別相應大圓滿人間初祖噶拉多傑的椎擊三要：直指心性、確信無疑、融攝任運），應對吾人身、語、意而傳授。近代以來主要注重寧體的竅訣部教授（竅訣部相對而言需要較高根器）。南開諾布仁波切的教學特色則是儘量恢復早期的大圓滿傳統，全面傳授心部、界部、竅訣部教法，以適應不同根器和狀態的個體需要。心部教法的特徵是直指心性：上師關於大圓滿的見修行果進行大量的口傳指示，修法上則是與岡波巴大手印相似的四禪觀（Xinas——止、Lhagton——觀、Nismed——止觀不二、Lhundrub——任運無修）；界部教法的特徵是用特殊的身體姿勢、呼吸和凝視法、能量點控制，直接進入不二禪觀的經驗之中；竅訣部的特徵是以明覺經驗融攝身、口、意的一切狀態，超越一切侷限。在當今時代，大圓滿界部教法在整個世界範圍內近乎失傳，心部也鮮有教授，盛行的唯有竅訣部教授（而竅訣部一般而言並不適合根器較低者），仁波切在保存大圓滿早期傳統方面的功德不可思議。希望進一步瞭解仁波切教法者，可以前往無央之界網站（http://www.wuyangzhijie.com/forum）上所設的南開諾布仁波切專版，瞭解仁波切多年以來的全部傳法主題和仁波切的教法開示。

最後，作爲中文譯者，在書稿最後出版的時候我要感謝那些跟隨南開諾布仁波切勤奮修學的弟子們，正是因爲他們的求道誠心，才會讓我這個不會主動去做些什麼的人有了要完成仁波切此書翻譯的動力。大多數時候我是在他們的殷殷期盼下努力工作的，眞心希望我所交出的這份書稿可以讓這些實修者們滿意、歡心。我要感謝我的先生，他不僅僅跟我一樣是南開諾布仁波切的弟子，更是我近二十年求道歷程的伴侶和老師。他以涉及各個宗教的廣博知識，以及對南開諾布仁波切教法的深入瞭解，對我的翻譯給予了鼎力支持。或者我更應該說這是我和他共同完成的工作。此書的最後出版還要感謝石曉蔚女士及其朋友的大力幫助，由於她們百忙之中仍抽出時間相助，才會有此書的順利出版。

由於水準有限，翻譯不盡正確之處在所難免，在此誠心懺悔。

願此書饒益一切有情衆生之解脫證悟！願南開諾布仁波切無與倫比的大圓滿教法廣傳世間！願南開諾布仁波切蓮足穩固長駐世間！

歌者

二〇一〇年三月三十一日

英文版編者前言

本書《夢瑜伽與自然光的修習》第一版發行至今已將近十年，最近法王南開諾布仁波切提議我們加強原版本的內容，新增加的資料摘自他多年來一直在寫的一部深奧的個人大圓滿著作。編輯這些資料是莫大的榮幸和挑戰，因爲這份十分精要的新手稿之前從未公諸於世。

關於《夢瑜伽與自然光的修習》摘自南開諾布仁波切手稿的資料，是由詹姆斯・瓦畢（James Valby）從藏文原文翻譯過來，依第一版所強調在作夢與睡眠狀態發展覺知的特定練習，再予以擴展與深化。在此手稿中，南開諾布仁波切歸納了特定的方法，用以訓練、轉化、消融、攪亂、穩固、精煉、持守和逆轉夢境；此外，他還提出了個人持續在白天和夜晚所有時刻修行的練習；增訂版本中亦包含發展幻身的修習、爲開發禪觀（contemplation）的甚深淨光修習，以及死亡之時遷轉神識的方法。

《夢瑜伽與自然光的修習》初版目前已以超過十種語言發行，在過去這些年中，數以萬計的人讀過這本書，並爲仁波切的榜樣和鼓舞所激勵，許多人都瞭解到仁波切所傳達的訊息，即爲靈性或超個人目的而利用睡眠與作夢時間的重要性。初次閱讀本書的人無疑也會受到激勵，尤其是第二版還包含了殊勝的新內容。

儘管我們不可勝數的生世以來，所積累的無明習氣如此強大，我們當中有多少人在多年後重讀這本書時，會在鏡中明顯見到歲月的標記，但在夢覺知上卻沒有多大進展可以顯露出來。無論你是否讀過此書，很有可能你就如同我本人一樣，在過去十年你花在睡眠中三年，但絕大部分時間在夢裡卻是無意識的。

或許對你來說，就像我一樣，這十年由一些里程碑的事件所佔據。當我襁褓中的兒子睡覺時，我注視著他平靜的臉，看著他的眼皮在跳動，我的心裡充滿了愛和保護他的渴望，我很好奇他的夢是否夢到了前一世，但諷刺的是，這些感覺以及他的出現，都讓我覺得距離中陰，即我們稱之爲死亡的過渡階段更近。

根據大師們所言，當我們睡眠時刻變得清明並覺知時，夢瑜伽和自然光之大圓滿修習的進展，就會讓我們達到某種形式的證悟。反過來說，在睡眠和作夢狀態中持續的無明，則只會確保我們不斷地在六道輪迴中轉生。

《夢瑜伽與自然光的修習》的重要訊息之一是，大圓滿明覺（〔Dzogchen awareness〕，即本覺〔rigpa〕，其由自然光修習而升起）和更爲相對卻仍重要的清明（lucidity）經驗之間的區別。清明的經驗，可以如同本覺之覺知的副產品或自發地由業因（karmic causes）所致而升起，有助於瞭解現象的非眞實性，否則在夢境或死亡經驗中的現象就會是壓倒性地強勢。同樣道理，我們相信一個夢魘是眞的，但如果我們是在一部電影中看到相似的情景，我們就沒有必要感到驚恐。

已成就大圓滿明覺禪修的偉大瑜伽士們，能夠在死亡那一刻解脫而直接進入大淨光的境界；而至少發展出偶爾作清明夢之能力的修行者，也會認出在受生中陰升起的影像虛幻性。據說在死亡時，當意生身由肉身中脫離，所有的經驗都會放大七倍，在這個時候——根據我們上師所說——仍有獲得解脫的可能性。

即使是非常少的清明經驗，或者更爲理想些，把握清明「作夢狀態」的時機練習禪修，亦可導致中陰解脫更大的機會。若非如此，那些無法認出幻相之虛幻本質的人，顯然會隨著欲望和恐懼的業風飄蕩，直到他們重新投生爲輪迴之中某個形式的衆生爲止。

我們應該會被本書所描述的進階修習所鼓舞，儘管這個進程不會很快，但不可或缺的是，我們所有的人皆能仔細審視自己的能力然後繼續前進。這可能第一次必須要努力試圖記起夢境，或更爲進階地，則爲轉化夢境。對於從事任何級別夢修練習的人而言，皆能開發出越來越多的天賦才能。

作爲一位心理醫生，在我的練習中，我有機會數年來四處旅行並主導夢境工作坊，這些工作坊相關的目的經常協同西方心理治療的目標，諸如瞭解潛意識和整合失序的部分。此外，這些工作坊亦有助於我個人發展夢中清明的經驗。

偶爾有人要求我給予自然光修習的傳承，但我拒絕了，因爲該項修習與大圓滿傳承相連，只有像南開諾布仁波切這樣的一位上師，才有能力引介這種非凡的、超越概念的明覺狀態。如果你還沒有這樣做的話，我希望你會遇到他，並從他那裡直接接受大圓滿的傳承。

佛陀教導說每個衆生都具有認證本覺的能力，但我們的障礙遮蔽了這份覺知，就像在烏雲後太陽仍持續照耀著。藉由修習，本覺可以在任何時刻企及，即便在睡眠和作夢的不同階段，它也從來不會有所毀壞。

有大量的比喻可以用來解釋我們欠缺與本覺的關聯，其中我最喜歡的是一個貧窮佃農的故事，他一無所有並一直哀歎自己的命運。由於他極度的貧困，不得不用一塊石頭作爲枕頭，這故事諷刺的地方是，這個他用來當枕頭的石頭卻是一個鑽石，這裡的鑽石即代表本覺。

關於這個主題，我可以提供一則更爲個人的故事。幾年前，我得到一個機會領導一次閉關，因此得以中斷我忙碌的例行事務，而專注於內在生命。在這種情況下，我安排帶領閉一次黑關，按照南開諾布仁波切的指導。與期望相反的是，閉黑關需要一個安全而安靜的環境來練習禪修，沒有任何外在的光線。

黑關的優點是將散亂降至最低，提供修習夢瑜伽和自然光修法的天然時機。爲期二十二天在黑暗中閉關的初期，我作了一個夢，夢裡我站在靠近海岸線的沙灘上，浪潮中我看到一個水晶嬰兒被海浪來回沖刷。儘管我對嬰兒還活著希望渺茫，因爲它長時間浸泡於大海波濤之中，然而我還是衝下海灘，將它從海水中搶救出來。我一將它抱在懷裡，這個水晶嬰兒就活了過來，它的獨特和美麗立即震撼了我。

這個夢很大程度地傳達出我們自己的困境，及其解決方法。我們被這世界千千萬萬件事情所擾亂而分心，我們水晶般的明覺或本覺暫時被強烈情緒的波濤所遮蔽，儘管如此，本覺從不會被毀壞，一旦專注便會復生。

要將我們由自滿和習性中喚醒經常需要一種震撼，同樣道理，看到一個被扔在驚濤駭浪中的嬰兒，肯定會激發人馬上開始行動。《夢瑜伽與自然光的修習》就是這樣一個讓人力圖覺醒的警示。

麥克・凱茲（Michael Katz）

二〇〇一年於紐約

前言

編者在這裡要感謝並紀念這些偉大的大圓滿上師們：敦珠仁波切（Dudjom Rinpoche）、頂果欽哲仁波切（Dilgo Khyentse Rinpoche）、土庫烏金仁波切（Tulku Orgyen Rinpoche）、紐殊堪仁波切（Nyushul Kyen Rinpoche），以及喇嘛貢波冊登（Gompo Tseden）仁波切，他們都已離開肉身，並證得了法身。願他們的弘法事業圓滿！

編者還要特別感謝以下這些幫助我完成本書的人。

尊敬的堪布巴登仁波切（Khenpo Palden Rinpoche）協助翻譯了米龐仁波切的文章〈掌中佛法〉。堪仁波切（Khen Rinpoche）是一位禪修大師，同時是藏傳佛教寧瑪派的一位著名學者，他令本文的翻譯表達出其精深的內涵，很多時候他都是於百忙之中抽出時間來完成這篇翻譯的。

堪布則旺東嘉（Khenpo Tsewong Dongyal）也協助了米龐仁波切文章的翻譯。

堪布則旺是一位學者和詩人朋友，多年來一直跟編者分享他關於夢境的廣博知識和深刻理解。

還要感謝羅朋丹增南達（Lopon Tenzin Nandak）給編者序言提出了寶貴建議。他是一位禪修大師、藏地本土宗教苯教的領袖人物，羅朋丹增南達從未懈怠地爲保存藏傳苯教的文化和精神寶藏而努力工作著。

同時要感謝安得亞努·克來門提（Adriano Clemente）對編輯的幫助。

感謝詹姆斯·瓦畢（James Valby）幫助翻譯了法王南開諾布手稿中的資料，用來充實此次發行的第二版。

感謝雪獅出版社的克里斯丁·考克斯（Christi Cox）、傑夫·考克斯（Jeff Cox）和湯瑪斯·斯彼茲柏格（Thomas Spiegelberg），他們對此次編輯給予了寶貴的建議和支持。

感謝約翰·梅爾丁·雷諾斯（John Myrdhin Reynolds）所做經過深思的注釋，以及他對法王南開諾布傳記所做的研究。約翰還翻譯並編輯了法王南開諾布所著的

《日與夜的迴圈》（*The Cycle of Day and Night*）一書，同時他被授權重譯《西藏大解脫書》（*The Tibetan Book of the Great Liberation*）。

感謝德巴拉・羅克沃德（Deborah Lockwood）對於前面所提到的米龐仁波切文章翻譯的大力幫助。

感謝蘇珊娜・格林（Susanna Green）所做的寶貴研究工作。

感謝伊斯特・洛克斯（Ester Lokos）自始至終都充滿活力地準備手稿。

感謝勞麗・丹尼爾（Laura Denyer）和周・肖恩（Jo Shane）做爲大圓滿同修會的代表所給予的寶貴建議。

另外，我們還要感謝以下朋友所提供的幫助：Tsultrim Allione, Jill Baroff, Laura Baum, Mykl Castro, Cyril Christo, Stephanie Forest, Jan Green, Sherri Handlin, Sarah K.Huber, Oliver Leick, Sandy Litchfield, Maureen O' Brien, Leeana Pedron, John Shane, Gerry Steinberg, Marianna Swolo，以及那些在初期幫助準備和翻譯手稿的大圓滿同修會的成員們。

導論

五〇年代一個黑暗的晚上，我從自己床上狂奔到父母房門口，蜷縮在那裡，心有餘悸卻依然半睡半醒。我那時大概五歲，那個夢魘生動的影像至今仍記憶猶新。它看起來是如此真實：一條蛇盤繞在我的床上——儘管我的父母再三保證這只是一個夢，卻安撫不了我。

這是我最早的夢記憶之一。這個夢貫穿我整個童年和青少年時期，不斷重複又重複，甚至現在我已漸入中年還會偶爾出現。夢是什麼呢？一個關於蛇的夢不斷重複是否具有特殊涵義？或許蛇是潛意識的使者，抑或是兒童早期性的激發，還是與被稱爲龍族（nagas，生活在水裡的蛇形眾生）的另一類型衆生的溝通？也許夢只能在夢者的生活脈絡中來解讀，因而具有特定的個人意義。

根據夢修（dreamwork）大師，原型素材（archetypal material）、個人的憂慮與關切、對未來的預知、與其他層面衆生的交流，在夢中都是可能的。然而，這項說法應修正為僅少數人遭遇這種範疇的夢經驗，對大多數人而言，作夢只是單純就夢者期望、恐懼與個性之脈絡內，白天印象的重新改寫。

在一九五〇年代，儘管出現少數哲學家和當代思想家，對作夢持有新鮮的興趣，但對大多數美國人，包括我來說，檢視夢境並無太大意義。對這個主題漫不經心的狀態，很快就隨著六〇年代的劇變而改觀。肇因於這十年的戲劇性變化，來自集體與個人危機的嚴峻考驗，以及同時期瑜伽和各種禪修形式的盛行，使得夢的覺知開始在大衆文化中，也在我自己身上重新發聲。

我對幼兒到大學時代的夢記憶已模糊，童年的鮮活影像和清晰記憶逐漸消逝為片斷、甚至不剩半點記憶，但在一九七八年，我對夢狀態的經驗與瞭解有了根本的轉變。當時我前往法國去跟知名的西藏喇嘛敦珠仁波切學習，在他所教授的主題當中有夢瑜伽，仁波切清楚地談到努力獲得覺知的需要甚至在睡眠狀態中亦然。他將人類目前的睡眠狀態和動物的無意識睡眠相比，痛惜人們浪費如此寶貴的機會發展自身。仁波切開示的帳篷裡有一種奇異的狀態，我所見和聽到的一切似乎都像夢一樣，毫無疑問是來自這位偉大喇嘛強大的傳承力量。我離開後，這種陌生的感知持續一整天直到晚上，而那晚也同樣不尋常。當我準備要去睡覺時，我決心按照仁波切的指導來發展覺知並祈請他的幫助。

我睡著了，但很快便意識到我正在睡覺，我是在一種有意識的光明狀態中躺著。這是我對瑜伽式睡眠和心之自然光第一次有意識的體驗。

由於我個人心的障礙，我並沒有在夢瑜伽和自然光的修習上取得很大的進步，事實上，如果不是曾經有過這樣的一次經驗，我很可能已經放棄整個關於瑜伽技藝領域的議題，而這種技藝超出普通人的能力。幾年後，在一次為期二十一天的單獨閉關中，我對瑜伽式作夢有了另一次的體驗，那著實令人興奮並具有轉化性。兩個星期過去後，我的閉關相當程度地更加深入，每晚我都按照敦珠仁波切的教導來發展夢瑜伽的能力，那時密集的禪修練習延長至一天十個小時，我的心變得更為有力，我很驚奇自己一晚能記得的夢竟然多達八個。

在這特別的一晚，我突然理解我在睡覺也是醒著——我正在作夢。一旦我體認這點的時候，夢中景觀的色彩變得驚人的生動和鮮豔。我發現自己站在懸崖邊，俯瞰一個廣袤美麗的山谷，我感到十分放鬆而激動，並提醒自己說，這只是一個夢。

飽覽這個怡人的風光一會兒後，我決定眞實地且又虛幻地更進一步。如果這眞的是一個夢，那麼就沒有理由我不能飛。我不是用飛的而是往空中一躍，但我發現夢又一次轉變。我仍是清明的，我的覺知出現在樓梯上，而我的身體卻不再處於夢中，但我正在上樓。我才剛踏上一階、正要跨到下一階時，此時夢境再度轉換。這次只有一片黑暗，沒有任何影象。我抗拒著想要去睜開眼睛的衝動，事實上，我不確定要如何做，但我希望也想要影像重新出現，然後突然間我回到那個樓梯上。樓梯重新出現只持續很短暫的時間，之後我便醒了。

整個經驗是如此驚奇，我一直認爲這是我一生中最有意義的經歷之一，指導這次閉關的喇嘛將我的經驗比作已通過駕駛測驗。這之後我有許多夢中清明的經歷，我不能說每晚都會發生，但亦規律出現，在我進行密集禪修時，例如閉關，頻率就會增加。再者，如果我在夜裡醒來禪修，我發現再回去睡時我的清明夢會頻繁出現。

在此期間，我還作了些性質上屬於感應的夢。例如，在閉關中我夢到我的情人，儘管我在夢中並非清明，但是我記得很清晰：她的影像出現，她如此光輝明亮但卻在啜泣。

隔天我依計畫前往紐約上洲一個火車站接她，爲了驗證我的夢經驗，我告訴她我爲她前晚的心煩感到難過。她看起來很吃驚，立刻告訴我說這個夢是對的，她告訴我說她病倒了，而她的確哭得很傷心。

正如我所提到的，看來似乎是當我有機會練習禪修或夢瑜伽教法時，這些經歷便會增加。就是在我參加南開諾布仁波切於華盛頓特區研討會這樣的期間，他最資深的弟子之一陪同他前來，且病得很重。在我夢裡，我發現自己正跟南開諾布仁波切在一起，他非常關注這位弟子的健康危機。我說：「仁波切，她快死了。」仁波切回答道：「不，我已經治癒了她，她正好轉中。」隔天好消息就是她的確正在康復，但更爲令人稱奇的是，南開諾布仁波切在我告訴他之前就已經知道我們夢中這段交談。之後我還作了南開諾布仁波切與我交談的其他的夢，偶爾我也會說一些智慧的話回答他。仁波切對這些經歷非常感興趣，有時隔天就會問我前晚是否作了一個有意思的夢；偶爾他會問我而如果我記不太清楚時，他就會說：「你必須記得，你必須嘗試去記得啊！」

不久前我回我父母的家看看，自我出生以來他們就一直住在那裡。我睡在我小時候的房間，當我睡時我作了一個夢：一條蛇和我一起待在床上，牠不再威脅我，而是看起來像一個等待愛撫的寵物，儘管我並非完全清明，我在想如何處理這個友善但不請自來的蛇。一醒來時，我思索這個夢及其意義滿長時間，或許我對曾經感到恐懼的東西已經變得更能輕鬆以對了；然後我又想起南開諾布仁波切評論說，伴隨增加的明性，夢可能會變成類似聯合國的會議，這條夢中之蛇有可能是一位與會「代表」嗎？根據南開諾布仁波切的論點，在「作夢狀態」中，我們是有可能與許多類型的衆生交流的。

過去已發展出無數的理論，用以解釋我們稱之爲作夢的全球共通經歷。儘管這些理論對夢的起源和意義仍有重大分歧，但普遍認同許多夢都是神祕、有力與富創造性的。

夢在許多社會裡都占有中心地位。在許多文化中，作夢的重要性無庸置疑，而記得夢、甚至有意識地改變夢的能力，都是培養而得；夢在宗教領域、協助尋找、激發工藝之神聖模式，並於戰爭、危難或疾病之年代提供指引。「大夢」（big dream）者，經常指擔任祭司或女祭司的人，這個頭銜來自他們經常爲神所庇佑之美德。

古埃及人和其他傳統民族有系統地解釋夢，以便解讀來自神的訊息。有「神祕事物大師」之稱的埃及祭司，被人們認爲是神的信使，隨著文字的出現，解夢的知識被記錄下來。一本早期解夢的書，以埃及文書寫於西元前兩千年，收錄於當今所稱《徹斯特比提蒲紙抄本》（*Chester Beatty Papyrus*）中。

在許多文化中，準備接收重要或治療夢的夢者，會參加複雜的儀式。這些盛行於早期歷史的儀式，尤其被美國原住民社會完整地保存下來，同時還包括亞洲、古巴比倫、希臘和羅馬。祈請或「孵夢」（incubation）的典禮，是由受訓的新人主導，此儀式經常在重要且美麗聖地的特殊寺廟裡舉行。

在對神獻供或將牲禮淨化之後，祈夢者有時會喝下藥水（potions）以增強體驗效果。根據不同文化，這些藥水的成分可能含有多種精神藥物[1]。這些神聖地點的選擇經常是透過占卜的神祕技巧，或祭司的通靈揭示而決定。例如，對古希臘人而言，寺廟的選址更是特別重要，因爲他們相信冥界神祇[2]就住在特殊的位置。

這些寺廟本身各方面，都是設計來集中與提高潛意識心靈和精神的運作。例如在希臘，對祭司神阿斯克勒庇俄斯[3]的崇拜以蛇爲象徵，而祈夢者經常會睡在蛇自由出沒之處。在複雜儀式之後，阿斯克勒庇俄斯慣常以蓄有鬍鬚的男人或某個動物形象，出現在夢者的夢中，在許多案例中，被治療的人一醒來就被治癒了。這些用來孵夢的阿斯克勒庇俄斯中心，在極度盛行的時候，爲數高達數百多所。

諸如這些透過儀式治癒的實例，在當代薩滿文化[4]中亦爲普遍。例如，理查・格洛辛爾（Richard Grossinger），這位撰寫過多本夢的民族誌的作家，曾引用來自美國原住民克羅族（Crow）、黑腳族（Blackfoot）、夸奎特族（Kwakiutl）和溫尼貝戈族（Winnebago）等部落資料，述及某個動物或鳥類，如蛇或潛鳥（loon），會出現在夢中並教授療法，當應用於醒時生活，發現的確具有療效。

重要的科學進展亦同樣受夢所啓發，也許其中最著名的是克庫勒（Kekule）苯分子式的發現。他陳述道：

我心神遊他處……我把椅子轉向壁爐，進入半睡著狀態。再次，那些原子在我眼前跳躍著，這次較小的群組大多保持在後面。我的心之眼已被訓練重複觀看同樣的景象，現在可以區分出不同形狀的較大結構。許多長鏈……，每一樣都像蛇一般在移動、旋轉和旋繞。看，那是什麼？一條蛇咬住自己的尾巴，這個形狀嘲弄似地在我眼前翻轉。我就像被閃電擊中般醒了過來，這一次我又花費整晚所剩時間解出它最後的結果。

俄國化學家門得列夫在作夢時發現化學元素週期表，此方法係根據原子重量來分類。哈維（Elias Howe）在夢中完成縫紉機的發明。愛因斯坦相對論亦有部分來自夢中。其他由夢所激發的創作還包括一些文學名著，如但丁的《神曲》、伏爾泰的《憨第德》、愛倫坡的《烏鴉》，以及詹姆斯·喬伊斯的《尤利西斯》。史帝文生能在作夢時構思故事，並隨後寫作出版。甚至比利·喬和保羅·麥卡尼的流行音樂創作，有些也是出自夢中。

儘管有如此稀奇的夢，整體而言，我們的社會已經失去與作夢藝術的聯繫。然而最近，對夢的創造性力量的廣泛興趣，已自各種學科中顯露出來，橫跨科學、西方深層心理學、本土文化意識和宗教的覺醒。

科學與夢的現象

現代夢現象科學性的描述，是遵循克萊特曼（Kleitman）和他的學生於一九五二年的發現，亦即作夢伴隨快速動眼期（R.E.M.）而發生。其他關於作夢的實證，也經由近期更多的實驗而出現。例如，我們知道所有的人都會作夢，約有百分之二十五的睡眠時間是在作夢。夢對於人體健康至關重要，作夢是右腦的活動，實際上所有的夢都伴隨著快速動眼期。睡眠有四個階段，或說深沉程度，但作夢只在第一個階段發生。我們也知道，普通一個晚上我們會經歷睡眠的四階段好幾次，因此我們正常一個晚上會作許多夢。可以觀察到的是，如果剝奪一個人的作夢時間，他會在接下來的幾晚補償。當接近黎明時，有極大比例的睡眠時間是花在作夢上。

讓我們把重點放在清明夢的現象上，在這些不平常的夢中，夢者正作夢時會發現自己突然自覺地知道，或是「清明」（lucid）。這現象一度頻遭駁斥，現今卻爲科學所證實：作清明夢的報導文獻已存在數千年之久。例如，亞里斯多德即作了下列的聲明：「……經常是當一個人睡著的時候，仍有什麼在覺知，會告訴你眼前所出現的只是一個夢。」[5]

二十世紀初，一位名爲叫凡・伊登（Van Eeden）的荷蘭精神病學家，以系統的方式研究，並創造「清明作夢」一詞來描述這個現象。在他之前，聖丹尼斯（Marquis d'Hervey de Saint Denys）就已調查夢現象，一八六七年發表他的發現於《夢與引導夢境指南》（*Dreams and How to Guide Them*）。在此書中，聖丹尼斯描述他有醒於夢並引導夢的能力。

史蒂芬·拉貝吉（Stephen LaBerge）是現代夢現象研究專家，他發展出一個方法論，即利用伴隨作夢的快速眼球運動來獲得清明夢[6]。在一項研究中，受試者每隔幾秒就會重複聽到「這是夢」這句話的錄音，會在快速動眼期開始之後播放。然後他會要求正在睡的受試者，以預定好的模式轉動眼球來表明他們的清明。透過這項技巧，約有百分之二十的受試者能夠在「作夢狀態」達到清明。藉著確認眼球訊號與夢境清明之間的連結，拉貝吉繼續發展其他技巧，包括可以增加清明夢十倍以上，以及有效穩定清明作夢的狀態。他的一個主要研究路線，是持續研發使清明作夢更易獲得的方法和技術，這個新興的「夢技術」（oneirotechnology）Model-A，也就是NovaDreamer®，是一個生物回饋裝置，可以在快速動眼期睡眠期間給予提示，提醒使用者他們正在作夢。

以下的記錄，由一場夢覺知研討會的學員所提供，很適合說明在夢中清醒或清明的現象：

一九八八年一月十三日星期三的早晨，我意識到我正在作夢，我決定做件最棒的事，那就是在空中飛行。我抓著一架飛機，一起升高到了大氣層中。然後我讓飛機倒過來飛，這樣我就能掛著觀賞這個世界。我向下看去，看到地球像是一個巨大的圓球。然後我放開抓著飛機的手，並張開雙臂以便更好地滑翔。我停留在相當高（既真實又虛幻）的天空，以便體會這廣闊海洋俯瞰下的無垠和美麗。

過了一會兒，我非常緩慢地滑翔到低處，發現自己在一座美麗的島嶼上方，其景色對我來說非常怡人。此時正值清晨，寧靜而均勻的晨光中，可以清楚看到停泊在港灣許多遊艇靜止的桅杆，在這些高聳桅杆和白色甲板之外，矗立著一座有許多住家錯落其中的山坡。景色如此壯麗而莊嚴，遊艇和山脈浸淫在清晰而均勻的晨光中。我聯想起這是兩個我去過的地方景色的組合：一個在希臘的帕克索斯，那裡停泊著許多遊艇；另一個則在加州的馬丁城，也有建在山坡上的房子。我繼續看這副景象，直到我掉入較為普通類型的夢中，在這種狀態下我沒有控制景象，或決定我該做什麼。

前面這段敘述是典型的清明夢範疇，經常包含飛行的情況。某些情況下，夢者先是知道自己在飛，然後突然變得清明。其他情況則是夢者先變得清明，接著才嘗試飛行。上面這位作夢者與其他清明夢者所共享的另一個共同特點是，增強的色彩和情緒感，以及親身經歷一種令人驚嘆和壯觀的感覺。

然而，並非所有清明夢都是如此開闊。肯尼斯・凱爾澤是一位作家和清明夢者，評論自己有一系列的清明夢，其特徵都是身在獄中的重複主題。「在這三個夢中牢房的象徵，給了我一個重要的提醒，那就是我仍然是名囚犯，仍然致力於想要達到所嚮往的精神自由的圓滿。」[7]

夢與深層心理學

在上個世紀（譯按：十九世紀），以極大的代價瘋狂擴展工業技術，基於複雜的理由，這項擴展亦推波助瀾，終至釀成歷次的世界大戰。大規模的破壞和生命的損失，導致價值觀的質疑——尤其是那些關於宗教與道德的本質。對天啓神靈的抗爭，對一切毫無意義的絕望，以及對西方宗教儀式感到腐敗，當代思想家藉由研究諸如幻想和夢境這類較少覺知到的現象，轉而尋求心靈運作的瞭解，從而發展出深層心理學的研究方法。喚起並發展潛意識過程中的覺知，被視爲對療癒疲憊而困惑的靈魂有所助益。

弗洛伊德這位現代西方心理學的創始者，將夢境工作稱爲「通向無意識的莊嚴大道」，並幫助重新喚起人們對作夢的興趣。弗洛依德具開創性的作品《夢的解析》，代表對之前當代西方精神病學理論的徹底叛離。弗洛伊德宣稱，夢是被壓抑的願望（大部分爲性慾）象徵化的表達。藉由「滿足願望」的過程，夢者釋放出衝動的「興奮」。他認爲，因爲這些願望或衝動不被接受，夢一般即是以僞裝或象徵的方式被組織起來。

弗洛伊德指出，單一個夢可能就會傳達出大量的個人資料，他假設夢中每個角色或元素都是一項簡要的象徵，其意義的迷津也許可透過自由聯想（free association）的過程解開。這種列舉出一個夢所有相關連事物的技巧，依然繼續爲當代分析家所廣泛採用。較未受到普遍認同的，是弗洛伊德確認在「作夢狀態」中有心電感應的存在，此發表於一九一六年他對心理分析所做的多場演講中。[8]

榮格或許是第一位對佛教[9]和東方宗教感興趣的西方心理學家。榮格曾是弗洛伊德十分親近的學生，後來他與這位良師益友決裂。榮格解釋說，他不能接受弗洛伊德一面倒地強調性是所有壓抑的根源，還有他狹隘、反宗教的觀點。榮格認爲性慾是一種很普遍的心靈能量，然而對弗洛伊德來說，它只不過是性能量[10]而已。

榮格亦假定有一個深層的、涵蓋性的文化記憶存在，可藉有力的夢觸及。他將此記憶標記爲「集體無意識」，認爲是人類集體記憶的一個豐富強大的資料庫。

榮格假定夢通常會彌補夢者醒時生活中的失衡，並將潛意識帶入到顯意識上來。他指出，個體會按某種人格類型行事，例如帶有情感或理智，和以內向或外向的方式運作。如果一個主要是理智型的人，他的情感面大部分受到壓抑，或者潛意識地，這些強烈的情感可能就會更頻繁地出現在他的夢生活中。相反地，一個情感型的人，則可能會出現理智型的夢境，以彌補主導的意識態度。

弗里茲・柏爾斯（Fritz Perls）是完形心理學派（Gestalt school）的創始者，他聲稱夢是「通達整合的皇家大道」。對於柏爾斯而言，作夢以及夢中覺知，對一個人達至平衡並擁有完整的人格是不可或缺的。他的夢境工作以一個假設爲基礎，即一個夢的各方面，可以全部視爲夢者各部分或人格面具的投射。柏爾斯對夢境工作與療法的貢獻，即是他敏銳地覺察到，對自我部分人格的否認導致神經質的反應。他認爲，我們以投射和壓抑來表達對於自我的否定或疏離，藉由演出或編導夢中的部分人格，我們可以恢復這些自身個性中不被承認的面向。透過這個過程，我們會更完整地認可自己的態度、恐懼和期望，如此讓我們個人化與成熟化的過程持續無礙地進行。

下面這個戲劇性的例子，是一個女人以完形治療法的型式，創造了一個夢中部分人格，可以用來說明柏爾斯夢境工作的方法。這個女人敘述了一個夢，夢中有一瓶小的氣壓式噴霧香水，跟其他很多物品一起放在梳妝檯上，然後她誇張地依次排列這些不同的物品。當她伸手去拿這個香水瓶時，她聲稱：「我承受極大的壓力，我感覺自己就要爆炸了。」相關於她生活中一個懸而未決問題，這個夢的組構提供了即時而清晰的回饋。

另一個重視夢經驗的當代心理學派以默德・鮑斯（Medard Boss）為代表。鮑斯認為夢自成一個實相，應該被理解為自傳式的一段情節或片斷。在瞭解我們的夢的過程中，鮑斯會鼓勵夢者去實際經驗和停留在那個獨特的時刻。

並非所有心理學家都承認，進階的夢境工作具有巨大的潛力。例如，鮑斯與肯尼（Keny）所代表的現象學派（phenomenological school），就認為夢構成一種「昏暗而侷限的世界觀」，「與清醒時相較，是消極、缺陷且狹隘的」。以費爾貝恩（Fairbairn）為代表的客體關係（object relations）學派，則認為夢是精神分裂現象，受焦慮、希望和想法所控制。

現今某些科學理論，更進一步否認作夢狀態具有一個基本的、有意義的和組織性的原則。哈佛醫學院的亞倫・哈伯生（J. Allen Hobson）在其《作夢之腦》（*The Dreaming Brain*）一書中提出，位於腦幹中有一個「夢狀態製造源」，這個製造源一旦被啟動，會隨機激發神經元，然後大腦將其組織並編入夢故事中，以試圖理解這些微弱信號的意義。其他學派對夢現象則提出類似機械論的解釋，克里克（Crick）和米其森（Mitchison）主張，沒學會的、無用的訊息會在夢裡出現，這些不重要和暫存的訊息連結因此可被丟棄與遺忘。

由卡爾・沙根（Carl Sagan）和其他人所提出的替代理論（alternate theories）則試圖說明，最著名的創造性活動皆是於「作夢狀態」中出現。替代理論認爲這種夢乃不受拘束的右腦活動所致。根據此理論，左腦通常在白天主導，而在夢中被壓抑，結果造成右腦更不受其拘束，而能變得具有驚人的直覺與創造力。此理論亦說明，例如，以克庫勒苯分子式的發現爲例，相對於左腦較偏分析的活動，右腦擅長圖形認知。這個理論雖然有趣，卻無法用以說明所有心電感應和創造性類型的夢。

約翰．格蘭特（John Grant）是一位夢研究專家，近年來耗費相當大的努力對「夢的心電感應」提出解釋。他投注大量努力後，提出轟動的結論：心電感應和預知未來的夢，有百分之九十五可根據已知的法則和科學來解釋。他個人的統計數值，以及對罕見預知夢另外百分之五的無從解釋，都與南開諾布仁波切的夢現象理論十分吻合。該理論認為，無論是源自我們的期望與焦慮的普通夢，還是具創造力的明性類型的夢，皆由我們的覺知升起。

很多解析與科學的方法依然辯稱，所有夢的內容僅僅是混沌或象徵，和由焦慮、期望、態度所組成。因此，當代西方夢境工作者，通常不認可或不能理解傳統社會所假定的夢境工作之可能性。當西方深層心理學運用夢，作為個人精神健康的方法時，儘管對夢境工作可能性的瞭解有所改善，仍然相當有限。當我們探索其他文化所發展的夢境工作系統時，這些其他可能性的範疇和決定其優先性的需要，就會出現。

傳統文化中的夢境工作

夢境工作和夢覺知體系，在佛教、道教、印度教、蘇菲教以及全世界其他傳統文化中[11]，已被發現逾千年之久。這些夢境工作系統，過去及現在仍經常覆著神祕面紗，以保留給新進的門徒。這些傳統民族，他們的文化依然相當原始，所記錄下來的夢境經歷，可以幫助我們拓展對於夢境工作和夢覺知的瞭解，此包括清明現象、心電感應和預知的夢。

澳洲原住民文化相信祖靈的存在，祖靈比大多數人類更強有力，且被認爲是以異於人類的形體，諸如岩石、樹木或土地形態而存在。彼得・薩頓（Peter Sutton）所編輯的《夢：原始澳洲的藝術》（*Dreamings: The Art of Aboriginal Australia*）是一本關於原住民文化的綜合書籍，根據它的幾位作者，這些衆生所存在的靈界被描述爲「夢時」（Dreamtime）。這些祖先以身爲「作夢」（Dreamings）著稱，可藉夢來連繫，然而他們並不被視爲是夢的產物。這裡強調了原住民信仰生靈有多種類別，以及其他類眾生所存在的交錯層面。

值得注意的是，原住民相信關於文本、藝術和歌曲皆由夢而來。在夢中接收到的一個新的歌曲、故事、設計或其他創意產物，都被原住民族看作是祖先所描繪之原創的再現。這些藝術上的天賦禮物被認爲是藉通靈而來，而非原創。在部落中，作夢者被敬爲接收祖先智慧的管道，而非這個智慧的創造者。根據當代原住民族的神話和夢境記錄，不可考的遠古藝術作品即來自夢，至今仍持續不斷地豐富原住民的文化。

西諾伊（Senoi）族人——也就是今天所稱的馬來西亞人，對夢境工作不尋常地高度重視，至少從表面來看，是傳統部族提供文獻證明的一個實例。派翠西亞・卡爾菲德（Patricia Garfield）在她的《創造性作夢》（*Creative Dreaming*）一書中提出的夢技巧，即被人類學家基爾頓・史都華（Kilton Stewart）認爲是西諾伊人所有。根據史都華所言，西諾伊人集中大量注意力在夢境工作上，並發展出複雜的方法由夢來影響和獲得創造性的靈感，這些方法包括對心理強化、自我暗示和每天的討論。卡爾菲德博士總結西諾伊人夢境工作的重要目標如下：在夢中面對和克服險境，在夢中接受並趨向愉快的經驗，使夢具有正面或創造性的結果。這項工作的統合效果，即可以非常有效地降低精神狀態異常的頻率。然而，後期的研究者並未證實卡爾菲德所聲稱西諾伊人社會近乎烏托邦典範的說法[12]。

據推測，西諾伊人之所以具有強烈動機去發展夢的控制，是因他們的部族賦予這些能力極高的評價。當代研究者指出，影響夢趨向正面結果的能力，似乎具有諸如自信和創造力的增強效果。

夢的創造力潛能在西藏傳統文化中具有無庸置疑的價值。在藏傳佛教中存在一種文獻類型稱爲 milam gyi terdzöd，即「夢伏藏」。這些伏藏被認爲是開悟衆生所寫的教法，這些教法被有目的地隱藏或保存起來，以便利益未來世代的人。這些伏藏的創始者，通常都會授記這些伏藏的取藏者名字以及發現的時間，以作爲他們智慧的實證。

佛教和苯教[13]體系對夢覺知的訓練已有幾千年的歷史[14]，在本書的專訪中，南開諾布仁波切評論道：夢覺知的訓練早在難以想像之遠古的《大幻化網密續》

（*Mahamaya Tantra*）文本中就已被廣泛地討論。一位著名的佛教學者堪布巴登辛饒（Palden Sherab）認同這些密續無可想像之古老，根據堪布所說，早在歷史上的釋迦牟尼佛時代的數千年前，這些密續就已由過去佛傳授給人和非人兩類眾生。

以南開諾布仁波切所作的超凡之夢經驗爲例：一九九〇年的夏季他正於麻塞諸塞州的閉關期間，夜復一夜，一位被仁波切認爲是空行母[15]的女人都會出現在他的夢裡，並教他一系列的舞蹈組合，係以三十六位舞者爲編制的複雜舞步。日復一日，仁波切都會記錄前一晚在夢裡所學的課程，也將一部分的舞蹈教給他的一群學生。伴隨該舞的是一支用以加深禪定的特殊歌曲，其旋律本身則是他在數年前另一個夢裡獲得的，敘述於本書第六章的第一個夢。我直接聽聞了這些夢的描述，並親自參與了這精緻的舞蹈，我只能說仁波切這些經驗之深奧實在超越言語所能表達。

在仁波切結束閉關後不久，一位依雷鳴而命名的美國原住民老師來拜訪他。雷鳴是美國原住民悠久傳承之巫醫與治療師的繼承人，在聽仁波切敘述了這個舞蹈並看過我們學習的照片之後，她指出其與美國原住民祭禮式靈舞之間的相似之處。

以下由南開諾布仁波切所講述的系列夢境，可以作爲隨著覺知發展，在「作夢狀態」中人類潛能的說明。

一九五九年我已經逃離西藏來到錫金這個國家，西藏的情勢正迅速惡化，當我們聽到殺戮和破壞的消息時，我開始越來越擔心我那些還留在西藏的家人。我們許多人都向度母祈禱以尋求她的幫助，正是在這段期間我作了以下的夢：

我正走過一個山區，我記得有美麗的樹和花。我所行經的路附近有些野生動物，但牠們都對我十分平靜與溫和，我意識到我正走在往前方山上度母廟的路上。我到達靠近寺廟的一處，那裡有一小塊野地長著許多樹和紅色的花，還有一個年約十一、二歲的小姑娘。

這個小姑娘一看見我，就立刻給我一朵紅花並問我要去哪裡，我回答說：「我正要去度母廟為西藏祈禱。」她這樣回應道：「你不用去度母廟了，就唸這個祈請文吧。」接著她便對我重複一個祈請文許多遍：「嗡，傑尊瑪……」我開始唸出這個祈請文，手裡拿著花重複念誦著。我重複這個祈請文一遍又一遍，事實上我很大聲唸這祈請文而把自己吵醒了。

幾年後我作了一個相關的夢，在這個夢裡我再次發現自己在這塊野地裡，那是通往度母廟路徑的地標，跟之前的夢相同，但是沒有那個小姑娘。我往前方看去，那座廟就在山頂上，我繼續旅程直到到達那裡。這是一個很簡單的寺廟，沒有精緻的設計或裝飾，正面朝向東方。

我進去後注意到牆上是「寂忿百尊」——一百位寂靜和忿怒本尊壇城的壁畫，書架上有很多藏文書，包括丹珠爾和甘珠爾。當我注意到有個西藏人站在門口時，我正仔細查看這收藏品。他的穿著像是一位喇嘛，但又不完全是，他問我：「你見到那個說話的度母了嗎？」

我回答說我還沒見到這個說話的度母，但是我很想見到。然後這個人就領我到一個有很多雕像的房間，他一邊轉身走向門要離開，一邊說：「說話的度母就在那兒。」剛開始我什麼都沒看到，但之後我察覺到這個人正往上看向一根柱子的頂端。我跟隨他的目光看去，在柱子的頂端那兒是一個綠度母的雕像，以大概七、八歲小孩的模樣呈現。這是一尊美麗的雕像，但是我並沒有聽到它說話，之後我就醒了。

這個故事後來的發展完全不是一個夢。一九八四年我在尼泊爾北部旅行，正往妥魯寺前去，那時我認出那塊野地，就是我夢中小姑娘給我花並教我祈請文的地方。我向前看去，果然寺廟就在那裡。當我到達時，所有的東西完全跟我夢裡一模一樣。我走過去到那根柱子，想找「說話的度母」，但雕像並不在那裡，這是唯一不同的細節。不久前，我聽說我的一位學生送給那座寺廟一個綠度母雕像，他們就將它放在那根柱子的頂端作為某種紀念。如果現在你去那座寺廟，你可以看到它就在那裡。

發展夢覺知

在「作夢狀態」中發展覺知，以及因此擁有強烈啓示經驗的可能性，都和控制夢的能力一樣，留有詳實的文獻記載。發展夢覺知是通往更高等夢境的途徑，藉由本書後面所述[16]的修習使之成爲可能。許多跨文化間的相似處皆強烈指出某一種等級的夢經驗，激發推動了人類文化與宗教的發展。南開諾布仁波切指這些夢爲「明性夢」，似乎是藉由精神高度集中於一個特定的問題或主題，同樣亦可藉由禪修與儀式而產生。令人驚訝的是，許多創造性或超越經驗與知識的結果經常是來自這些特殊的夢，而其中亦不乏通靈的可能。

在一九八九年我所帶領的一個夢覺知研討會上，一位與會者敘述了下面這個夢：「在我還是個小孩時，總是重複夢到被一個又老又醜的侏儒威脅，他讓我很害怕。每次他出現時，我不是跑掉（在夢魘中也是無處可去的樣子），就是假裝昏倒，只想躲開他。最後在一個夢中，我感到非常厭煩並決定我已經受夠了威脅，我轉過來面對他並告訴他，他只是我夢的一部分而已。當我這麼做時，我就不再怕他了。從此之後，這個夢再也沒有出現過。」

即使是我本人非常有限的夢經驗，也偶爾好像可以支持夢境預知未來的可能性。例如，去年我跟兩位朋友一起去看一場體育比賽，我對那個色彩繽紛的體育場印象深刻。那天晚上我夢到一位棒球球員，他的照片出現在報紙的頭版，我試著閱讀並記住文字內容，但隔天早上我只記得克拉克這個名字。醒來後，我依習慣買了一份《紐約時報》，發現一張棒球員威爾．克拉克的照片就登在頭版。也許你會爭論說這只是巧合，如果是這樣的話，你就是抱持跟亞里斯多德用來反對赫拉克利特（Heraclitus）同樣的論點，後者相信夢能預知未來（這裡只是說明這種爭論已經盛行多長時間了）。無論我關於克拉克的夢是否真的預知未來，我個人趨向於相信在更高等或創造性等級的夢中，一定存在著預知未來的類型。

如果確實如此的話，這就說明未來在某種程度上是現在可企及的。在藏傳佛教、苯教和其他傳統中，開悟的眾生都被認為具有查知過去、現在和未來的能力。

如果的確有明顯的證據能夠證實高等夢境的存在，問題即在於：如何發展去經驗這種夢的能力，以及是否有理由（超越他們的能力以增加創造性）去培育這份能力。根據西藏大圓滿傳統，以夢來工作的關鍵即於「作夢狀態」中更高覺知的發展，南開諾布仁波切在「夜晚的修習」一章中討論到這個覺知。

典型一個夜晚的過程，長達八個小時的時間花在睡眠上，其中兩個小時或更多的時間會花在作夢上，我們是否能夠記得每一個睡眠週期的夢？我們能夠多麼精確地記住細節？一個對夢沒有覺知、亦即大部分不記得夢的人，可說是犧牲掉了他們人生一大部分的覺知，這樣的人就會一直錯失心靈深度的拓展，以及靈性成長的機會。思維下面這段佛教偈文的訊息：

當夢境已如拂曉展現，
切勿臥於無明如死屍。
進入不動安住自然界，

認知夢轉幻相為光明。
切記勿如動物般昏睡，
修習結合睡眠與現實。

毫無疑問的，清明夢和明性經驗都是非常好的事，似乎對獲得自尊、整合人格和克服恐懼都有正面的利益，將其納入追求靈性轉化或證悟的涵構中是很重要的，但以此程度作為一種文化，例如我們易於為了經驗而重視經驗，則難免有見樹不見林的危險。

一位藏傳佛教傳統的喇嘛將清明夢經驗的追求，比喻為不過是一場戲劇或遊戲，除非這種經驗是透過大圓滿白光的夜修法或密續夢瑜伽，發展個人禪修的明性後所升起的副產品。儘管看起來清明夢經驗的確具有相當的價值，從佛教的觀點來看，除非一個人知道如何在死後的法性中陰和受生中陰階段裡運用這份清明覺知，否則其效益是很有限的。

在大圓滿的教法中，對清明夢經驗以及如此的心靈學現象，諸如通靈和預知的認識，已經有千年歷史了，大圓滿的學生不斷地被給予這樣的忠告：「不要執迷於經驗。」這與西方傾向於為經驗本身而重視經驗的作風背道而馳。西方的方法同樣也鼓勵對夢的內容進行有系統的分析，然而大圓滿的上師們則鼓勵修行者不要停留在夢的現象上。

儘管看起來廣泛審視夢的素材會有明顯的好處，但很可能這些好處僅僅是針對初學者而言，對於那些進階的修行者，無論夢有多具創造性，覺知本身絕對比夢的經驗與內容更為有價值。偉大的上師們這樣說，在覺知達究竟的時候，夢就會完全停止，並被無以描述之本性的燦然明性所取代。

來自這些古老傳統對於夢境工作的技巧描述是很重要的，因為這些傳統正瀕臨滅絕的危機。儘管關於夢的一般性主題已經出版了很多書籍，但在本書第一版出版時，相對而言只有很少的書將夢境工作帶進靈性修行的脈絡中。佛教、苯教和道教老師都承認這種處境已影響他們採取更為公開教授的決定，因此在過去十年間，深受人們敬仰的上師，如達賴喇嘛、丹增旺杰（Tenzin Wangyal）和嘉初仁波切，就夢境工作的主題都出版了書籍，作爲對「夢瑜伽」中所發現之技巧方法的補述。

就個人來說，這個編輯工作有助於我在常被忽略的睡眠上，集中注意力於覺知的力量和豐富性上，無論我們的物質環境如何，如果我們培育了這份能力，就等於擁有了如意寶。在西方，對睡眠與夢的科學探索還是相當新的領域，但就整體人類社會來說，夢覺知的神祕科學和探究已經被珍藏千年了。

二十世紀的先鋒心理學家對夢的現象已經做出了評論：弗洛伊德將夢稱爲「通達潛意識的莊嚴大道」，柏爾斯則將夢稱爲「通達整合的皇家大道」。按照他們的方法，這些論斷也許是正確的，但是與「夢覺知是證悟之道」的可能性相比卻是黯淡失色。

我十分感謝有這個機會，能協助編輯大圓滿上師南開諾布仁波切超凡的夢經驗，以及對於「作夢狀態」的教法。

麥克・凱茲
紐約市
二〇〇一年

註釋

1. 精神藥物（psychotropic drugs）會影響心智，有時會誘發靈視或幻覺。這些藥物被原住民文化中的薩滿巫師用來與靈界聯繫，經常應用於協助治療的儀式中，例如培藥特（peyote），以及特定種類的蘑菇與仙人掌。

2. 冥界神祇（chthonic deities）被認爲住在地底，與農業和土地的肥沃有關，爲母系文化的前希臘人所崇拜。這些神祇也許跟當地護法神有關，西藏人相信這些護法居住於特定地點。

3. 阿斯克勒庇俄斯（Asclepius，羅馬人稱 Aesculapius）被認爲是阿波羅的兒子，被不死的半人凱龍（Chiron）在其洞穴撫養，成爲一位偉大的醫生後離開凱龍的洞穴去幫助希臘人。因爲他醫術卓越，希臘人最終將他奉爲神明並立廟來榮耀他。至少從表面看來，阿斯克勒庇俄斯在這些廟宇中爲病患設置床位，因此建立了第一批醫院。他常拄著一根纏繞著神蛇（現代醫藥的象徵）的枴杖走來走去，據說這些神蛇瞭解疾病的起因和治癒方法；他有時亦使用一種「神奇圖案」（magic draught）令病人入睡，之後聆聽這些病人在夢中所說的話——通常會解釋疾病的肇因，由這些訊息他就可以提出療方。在他死後，祭司仍經常召喚他，而他也繼續出現在病者的夢中，提供他們治療的建議。

4. 薩滿（Shaman）是西伯利亞語，係源自北亞薩滿教的傳統形式。藉由儀式、唱誦、擊鼓，以及精神藥物，薩滿巫師爲治療和占卜的目的而進入出神狀態。

5. 摘自 W.D. Ross 編譯《亞里斯多德的作品》（*The Works of Aristotle*, Oxford: Clarendon Press, 1931），Vol. 1, Chapter 1, "De Divinatione Per Somnium", p. 462a。

6. 研究者史蒂芬・拉貝吉、後期的保羅・梭雷（Paul Tholey），以及其他的夢治療師（包括從事夢引導、催眠練習的本書編者），都試圖要發展並彙編引發清明夢的方法。這些方法包括：藉由專注於睡眠開始前自然浮現半夢半醒的影像，而直接轉進清明夢意識（見 Kelzer, "The Sun and the Shadow", p. 144），以及以自我暗示引發一種狀態，即在此「作夢狀態」，夢者可藉認出夢中不協調處而立即達到清明。例如，編者最近作了一個夢，夢中他看到一個人和一隻狗企圖由一個屋頂跳到另一個屋頂上卻沒有成功，他們摔落的方式完全不符合地心引力定律，因覺知到這個與現實的不一致而轉爲清明夢。

其他的方法還包括各種不同的自我暗示方式。史蒂芬・拉貝吉（見《清明作夢*Lucid Dreaming*, pp. 48-78）一直特別致力於這些方法的系統化。他的清明夢記憶引導（mnemoinc induction of lucid dreams, MILD）方法需要於夜間夢結束後醒來，專注在夢的細節上，尤其是那些不協調處，然後強烈暗示如果不協調處或夢信號重複出現，我們就能立刻進入清明狀態。按照這樣的方式，在返回睡眠時，要抱持著馬上轉爲清明的動機。拉貝吉提出報告説，此方法的效果會因同時使用一些科技產品而增強，例如他所研發的夢光護目鏡，這種護目鏡會配合夢出現時的快速眼球運動特性，而發出低亮度的閃光。

另外一種廣爲許多夢研究者包括保羅・梭雷所討論的方法，涉及了「狀態檢測」

（state testing），是指在白天間隔頻繁地問自己是否在作夢來進行練習，同時分析當時情況以確認答案。此「關鍵性的狀態檢測」（*Lucid Dreaming*, p. 58）在許多案例中，都導致作夢時做出類似的自問自答，隨後即可轉爲清明。

這些試圖引發清明的技巧，與南開諾布仁波切所談論的佛教與苯教大圓滿傳統中的自然光修習有所差別，該修持法不特別關注於發展清明，而是將清明視爲發展當下覺知的自然副產品。

7. 清明夢的描述，如令人驚歎和獲得自由，或另一種類似凱爾澤（Kelzer）身處監獄的清明夢經驗，則是要提醒他必須努力獲得「我所嚮往的精神自由之圓滿」，這似乎與柏拉圖「洞穴之喻」中的主題相呼應。在這部哲學經典中，柏拉圖描述穴居者已經適應了洞穴裡陰暗無聲的現實，他們不知道有一種更爲鮮明而壯闊的現實存在，並懷疑太陽的可能性。

關於清明夢的描述，包括非尋常的色彩飽和度與豐富性，還有一些可能暗示「開悟體驗」的其他感官印象，或許清明夢者短暫地打破了慣常生活的情境模式，這些慣常模式一般由感官所統御，皆可歸類於「生活在洞穴中」的比喻。

8. 此外，還有立論支持弗洛伊德對清明夢的瞭解，以及參照清明夢經驗的類型。見《西格蒙德・弗洛伊德的全部心理學研究標準版》（*The Standard Edition of the Complete Psychological Works of Sigmund Freud*）中的「心理分析導言」（Introductory Lectures on Psychoanalysis）（New York: Hogarth Press, 1916）Vol. 15, p. 222。此論證總結於鮑勃・魯克斯柏（Bob Rooksby）與賽博・騰威（Sybe Tenwee）的歷年文章裡，發表於 *Lucidity Letter*, 9 (2), 1990。

9. 卡爾・榮格對佛教和東方哲學的深厚興趣，讓他爲第一本英譯版藏傳佛教經典《中陰聞教得度》爲文寫序。不幸的是，因爲伊文思・溫茲（Evans-Wentz）於《西藏大解脫書》（*The Tibetan Book of the Great Liberation*）初版中的誤譯，造成榮格始終對書中所涉及的大圓滿教法缺乏清楚的瞭解。伊文思・溫茲對大圓滿主題內容不正確的理解，導致不當的翻譯，例如，「心之本初清淨本性」被譯爲「一心」。

榮格隨後又錯誤地將「一心」詮釋爲潛意識，而實際並非如此。心之清淨本性涉及佛教的終極教導：大圓滿。南開諾布仁波切在本書後段描述了大圓滿修習的特點，在後附的西藏禪修大師米龐仁波切（1846-1914）的原文中也有描述。

爲了對上述誤解有一充分研究，讀者可參閱約翰・雷諾斯（John Reynolds）近期的再譯版《西藏大解脱書》（*The Tibetan Book of the Great Liberation*）（見參考書目）。

10. 榮格的宇宙心靈能量概念，受佛教密續和道教內在能量理論影響到何種程度並不清楚，這個內在能量在藏文中稱爲風息（*lung*），梵文稱爲氣（*prana*），對應於道教中的氣（*chi*）。

在密續體系中，風息或內氣（internal airs），被認爲在內脈或經絡（稱爲*tas*）中循環。根據南開諾布仁波切和其他大圓滿傳統的喇嘛上師所說，風息可以被淨化並使其沿特定內脈循環，這些結果可藉精確的呼吸練習和身體練習達成，分別稱爲氣脈修法及幻輪瑜伽。

11. 現今公認有許多所謂的原始民族，具有詮釋和操控夢境的複雜方法，看來像是幾千年前迥然互異的文化中，就有少數修行始祖在修習夢的操作、清明作夢和更多其他方法，而當時絕大多數人口（現代亦然）都在無覺知中沉睡。

12. 克里普納（Krippner, S.）編著《夢時與夢修：夜的語言解密》（*Dreamtime and Dreamwork: Decoding the Language of the Night*）（Los Angeles: J.P. Tarchen, 1990），序言至第五章，pp. 171-174。

13. 苯教（Bonbo）／雍仲苯教（Yung drung Bon）：苯教學派中的教法，源自東巴辛饒佛（Buddha Tonpa Shenrab），他生活在史前的中亞。苯（Bon）意指是教授或法（dharma），「雍仲」（yung drung）則指永恆或不可毀滅的意思。「雍仲」經常以一個左旋的萬字來象徵，左旋代表西藏母系傳統（逆時針與陰性能量有關，順時針則是陽性能量），這個「雍仲」即苯教教法永不毀壞的象徵，就像金剛（*dorje*, *vajra*／鑽石）杵是佛教密續教法的象徵。需要注意的是，「雍仲」與納粹萬字標誌沒有任何意識形態上的關聯和相似之處。

雍仲苯教也被稱爲「新苯教」。洛本丹增南達（Lopon Tenzin Namdak）將苯教的發展分爲兩個階段：第一個階段是更爲古老的「舊苯教」或「原始苯教」，與北亞薩滿教類似；第二個階段是雍仲苯教，其根源來自於東巴辛饒（或譯滇巴謝拉）佛的教法。

14. 丹增南達（Tenzin Namdak）於一九二六年生在東藏，在中共入侵西藏前是苯波曼日寺（Bonpo Manastery of Menti, *sMan ri*）的主要上師或稱「羅朋」（lopon, *slob dpon*）。在六〇年代初期，他與其他西藏學者一起受邀至英國，與施耐爾格魯夫（Snellgrove）教授合作出版《苯教九乘次第》（*The Nine Ways of Bon*）。他曾經回到印度，在喜馬偕爾省創立多蘭傑苯波社區，以重建傳統課程的學習和儀式性寺院活動，近期又在加德滿都的索嚴布山附近建立一座新寺院。根據這位偉大的學者和苯波社區流亡領袖所說，苯教或雍仲苯教始於非常古老的年代，在西藏西部和波斯（現今伊朗）東部之間的地區，創始人是辛饒彌沃（Shenrab Miwoche），他改革了當時基於修法的既有儀式傳統，其與北亞薩滿教相當類似。根據傳統記載，辛饒彌沃的時代追溯到一萬八千年前。有趣的是，一些考古學家提到了宗教活動存在的證據，例如墓地中埋藏的早於基督時代三萬年的物品；除此之外的考證還有位於非洲、歐洲以及伊朗和亞洲等其他地區之間的地帶，發現克羅馬儂人的考古遺址，則可追溯至西元前十萬年。

15. 空行母（dakini，藏文：*khandro*）：*kha* 意指「虛空」或「天空」，*dro* 則指「行走」，因此這個詞指的是天空或虛空行者。空行母被認知爲是智慧的化身，雖顯現爲女性形象，但在究竟上已超越性別的區分。空行母有很多不同的種類，包括已證悟的智慧空行母，例如曼達拉娃、伊喜措嘉，以及金剛瑜伽母。

16. 在本書後面內容包含了南開諾布仁波切一系列的夢，是他前往尼泊爾瑪拉帝卡山洞（Maratika Cave）朝聖期間所做的記錄。在這次朝聖中，南開諾布仁波切夢到一部文本超過百頁長，內容包括進階禪修的指導，像這樣如此驚人的創造性夢境，後面皆歸類爲明性之夢。

1
夢的性質與類型

在一部經典中，釋迦牟尼佛使用多種比喻來形容我們一般認爲是眞實的現象世界，他將我們的現實比作一顆流星、視覺幻相、一盞搖曳的酥油燈、晨露、水沫、閃電、一場夢，以及雲朵。根據佛陀所說，所有聚合的存在、所有法（dharmas[1]）和所有現象，事實上都是不眞實的，就像以上這些例子般須臾變換。

另外一部經典則運用了其他的詩歌比喻，來表明我們所處狀況根本的虛妄本性，這些比喻包括水中映月、海市蜃樓、聲音之城、彩虹、鏡中影，還有一場夢。

一場夢這個例子被包含在這些經典中，是因爲我們都知道如果我們檢視一個夢，將不會發現任何具體的事物。儘管夢升起的主因和助緣可以被發現，但關於夢本身仍然沒有什麼確實是具體或眞實的。

儘管有許多不同的情況可以導致作夢，這些情況的產物——我們的夢，一般可分爲兩個主要類別：由業力軌跡[2]中升起的較爲普通類型的夢，以及因心之明性（clarity of mind）而升起的其他類型的夢。

在由業力所致的夢類別中，夢主要是與我們三種存在狀態有關，也就是個人身體、能量（或語）和心理緊張；還有另外一種跟業力軌跡有關的類型。後者有三種成因，亦即個人源自某個過去世、幼年時期，以及近期的業力軌跡。

在藏醫傳統中，醫生要診斷疾病的肇因，也會考量與這位病患的夢有關的是三種存在的哪一個，由此訊息他就能夠發現該病患的身體、能量和心的眞實情況。有時一位難以治癒的重症患者之所以會如此，是由於源自幼年或甚至某個過去世的業因，也有可能這個疾病是由最近行爲之業因所導致的結果。因此，檢驗夢境變成爲分析和發現問題的主因和助緣最重要的方法之一。

夢與個人的三種存在狀態有關，這是什麼意思呢？這些夢是由於身、口、意任何種類的經驗而升起，因此直接相關於個人的五大元素、能量和情緒，可以立即成爲出現某些夢經驗的原因，而這些夢經驗不是好的、壞的，就是中性的。

例如一個人以不適當的姿勢睡在床上，也許覺得不舒服或疼痛，這種不適會成爲負面夢的立即原因。或者如果一個人由於呼吸阻塞而睡不好，可能會夢到窒息或被勒住脖子。更進一步，就不難理解與心牽連的感情，如喜悅或悲傷，同樣也會是作夢的立即助緣。以上是夢與個人三種存在狀態相關的例子。

在由業力所致的夢類別中，有一種類型包含肇因於前一世的夢，在這類夢裡，會出現這個人此生從未經歷過的不熟悉的事物。例如另外一個國家的景象或奇怪的人、他們所不熟悉的習俗或語言。這些夢會經常重複出現，以至於夢者對這個一度陌生的世界變得熟習。這樣的經歷暗示著來自過去世非常強烈的習慣模式的存在，給個人留下了業力的痕跡。或者夢裡會出現一個不熟悉的國家，有一個陌生人給夢者找麻煩或殺了他，結果造成夢者非常強烈的恐懼感。這有時意謂相似的處境曾在前世發生──這個人的情況受到強烈影響而留下業力痕跡。這個痕跡在助緣成熟的時候，就會再次出現。此類型業力夢的另外一個例子是，如果某人在前世殺了我，我這一世仍會夢到自己被謀殺。我們並非總會夢到自己此生的經歷，假如一個事件非常重大，那麼你就會一世又一世地去經歷。當你睡得非常深沉時，你會創造一個完美的可能性，讓過去的業力顯現在你的夢中。

如果你只是有很大的焦慮，也會在你的夢裡重複。例如，你小的時候有人給你惹了麻煩，就可能在你的夢中重複出現。或者假如今天我跟某人有問題，便會在今晚的夢裡重複。原則就是如果你很焦慮並睡得深沉，這種緊張便容易重複出現。這是一種類型的夢：習氣（pagchag）的業力夢。習氣意指某事物留下的痕跡。例如，一個曾經裝過香水的空瓶子，你仍然能夠聞到香水的味道，這就是習氣。這種第一類型的業力夢是會發生的，儘管並不是所有人都如此頻繁。

第二種類型的業力夢，是那些由夢者在年幼時產生的原因所引發的夢。如果人在年幼時受到驚嚇或遇過意外，那個經歷就會留下痕跡，因此在以後的人生中就會有與該事件相關的夢——不是直接重複，就是以主題性的方式出現。或者例如一個小孩曾經歷過一次地震而產生巨大的恐懼，那麼在他以後的人生中就有一種潛力，當遇到適合的助緣時，如又經歷另一次地震，這個潛力軌跡就有可能會被啓動。

業力夢的第三種類型包含人觸動個人很深的近期行爲所引發的夢。這個人可能最近曾極度憤怒，結果與某人爭執，那份強烈的憤怒便會留下痕跡，因此所作的夢就會有相似的情境或主題。

這三種類型夢的起因，主要都是業力；也就是說，和某件深深觸動一個人的事件有關，並且留下緊張、恐懼或其他強烈感情的痕跡。當痕跡被留下時，邏輯上，具有相應主題的夢就會更經常地出現。

還有跟個人明性有關，類似於前面的夢分類，也就是和三種存在以及個人業力軌跡有關的那些夢。什麼是明性之夢？當有助緣時，明性之夢就會顯現；透過助緣，夢以明性顯現。因爲有未來事件的助緣，我們甚至能夠獲得對未來的建議和預知。明性之夢一般會在清晨顯現，爲什麼？因爲我們剛開始睡著時，會睡得很沉，慢慢地，當我們消耗了這種深沉後，睡眠就會變淺；一旦睡眠變淺，明性就能更容易地顯現。如果我們持續覺知的修習獲得成效，那麼業力之夢就會減少，因爲這些夢與緊張相連。禪觀狀態，也就是覺知，代表完全的放鬆，因此將沒有緊張的顯現，你的業力夢就會被更多的明性之夢所取代。

關於與三種存在狀態的明性夢類型，所有人類在其本性中，皆具有無限的潛能和未顯現的品質。儘管太陽持續照耀，我們有時會因雲層覆蓋而看不到，有時則可以在雲朵之間看到一會兒。同樣地，個人的明性有時會自發地顯現，其結果之一就是明性之夢的出現。

修習佛法的人練習放鬆，透過放鬆身體、能量和心意，讓五大元素和能量變得平衡。由於這種立即的助緣，不同種類的明性夢就會出現。這對正從事輪[3]、脈相關的修習以控制氣和能量的人來說，確實眞的如此。

對某些人而言，這些種類的明性夢由其「心的明性」所升起，即便他們並未從事一些次要的方法來放鬆身體或控制能量。當一位行者有所進步時，蒙蔽住心之自然明性的障礙就會減少。繼續以太陽作比喻，雲層現在大都已消散，無限的陽光就能夠直接顯現出來。

當所有狀況都正確無誤，且身、語、意都因圓熟的修習而放鬆，這時，許多種類的明性夢便應運而生，其中一些可能會預知未來的事件。同樣地，正如那些由過去世業因所致的普通夢一樣，前世業力的明性夢也能再次喚起；這取決於夢者的能力，有可能夢者會完整憶起他的一個前世。一百個、甚至十萬個前世，都有可能在一個夢裡回憶起，我們可以在菩薩和阿羅漢的記載中，讀到這些由於無礙明性而出現的超凡夢境。

一個例子是，一位修行者有可能有明性之夢，是由於早年的業力軌跡累積的結果：一個人在早年也許遇到許多非凡的上師，或接受教法和灌頂，或學了一些修法，之後這個人可能夢到這些事情。在夢中，他更深入地進入這個知識，這個人甚至可能在夢中獲得之前從未聽過的修行知識或方法。有人會有很多此種類型的有趣夢境。

對於比較近期經歷的明性夢，可能會如下列方式升起：一個人讀了某些東西，也許是一部非常重要的佛法文本，或對修行佛法有一次深入的談話，便可以成爲與過去、現在、甚至未來有關的夢的起因。

這些是明性夢的類型，是普通類型的夢的延續和發展，主要是那些已經有夢修經驗，或對夢中保持清明和覺知具有經驗之修行者升起的夢，是透過一個人心的狀態或本覺[4]之明性所顯現的夢。

許多修行佛法的方法，都是在醒時學習的；但藉由夢覺知的發展，也能夠在作夢的情況下從事。事實上，在「作夢狀態」，我們可以更容易與快速地發展這些修習，假如我們有能力夢中清明。有些書甚至說，如果一個人在夢中致力於一項練習，是醒時從事該練習的九倍功效。

夢的狀態是不眞實的，當我們在夢中發現這一點時，這個覺悟的巨大力量，能夠消除與受侷限的境相（conditioned vision）有關的障礙。基於這個理由，夢境修習對於將我們從習性中解脫出來，是非常重要的。我們尤其需要這強有力的幫助，因爲情感上的執著、制約作用和自我強化，組成了我們的日常生活，多年來已變得牢不可破。

在眞實意義上，我們一生所見的所有境相，都如夢中的影像一般，假如我們仔細檢驗，人生的大夢與一夜黃粱夢沒什麼不同。如果我們眞的看到了兩者的實質本性，就會發現兩者並無差別；如果我們能夠藉由這種覺悟，最終將自己從情感、執著和自我的鎖鏈中解脫出來，就有獲得究竟證悟的可能。

註釋

1. 法（dharmas）：眞實和基本的現實。此名詞之單數形 Dharma，則用來專指佛陀的教導和通往證悟的道路，亦即佛法。
2. 業力軌跡（karmic traces）：根據因果律則，所有的行爲都不可避免地會帶來後果，雖不一定會立刻發生。「業力軌跡」一詞特指作爲尚未顯現的潛力所存在的「種子」，會在必要的助緣出現時成熟。
3. 輪、脈輪（chakras）：位於身體內特定部位的非物質靈性能量中心。根據佛教的理論，主要的脈輪位於頭頂、喉嚨、心間、肚臍和生殖器。
4. 本覺（rigpa）：圓滿之自然心的清淨現前或覺知。更多解釋見南開諾布仁波切《日與夜的循環》（*The Cycle of Day and Night*）。

2

夜晚的修習

夜晚對我們來說非常重要，因爲我們有一半的人生是在夜晚度過的。但我們經常每次都默默地睡去，沒有致力於任何努力。其實存在著一種覺知，使修習可以隨時隨地進行，即便是在吃飯或睡覺的時候。若非如此，要在修道上有所進步是非常困難的。因此夜晚的修習非常重要，我會在這裡解釋其原理和修習。

當人們說夜修法時，我們通常會想到作清明夢的練習。關於清明夢有許多種解釋，但在大圓滿教法中，修習夢以發展清明並非主要、而是一種次要的修法。在夢境修習中，「次要」意指藉由從事主要修法，亦即被稱爲「自然光的修習」，夢境修習便會自發地升起或自動發生。

事實上，自然光修習法跟作夢之前的狀態有關。例如有個人睡著了，「睡著」意味所有感官都消融，所以說他正在睡覺。睡著之後存在一個階段，亦即一段過渡時期，時間可長可短，直到開始作夢。

對某些人而言，幾乎是一睡著便立即開始夢的狀態。但夢的狀態開始是什麼意思？這意味心再次開始運作。

兩相對照之下，被稱爲自然光的狀態，並不是心正在運作的時刻或狀態，而是當你睡著時就開始、直到心再次開始運作那刻爲止的一段時間。在此之後存在什麼呢？這之後存在我們所稱的睡夢中陰[1]。

睡覺和作夢的狀態，和我們死亡的經歷之間，具有相似之處。當一個人死亡時，首先是知覺的消失。談到中陰，我們說當知覺消融入自身的時刻，就是死亡中陰或臨終中陰。在這個時刻，死者會感受到許多感官知覺的消失或收攝。

在臨終中陰之後出現的狀態類似於無意識，與昏厥相仿，之後開始的則稱爲「四光的升起」。許多密續[2]對此的解釋都略有不同，有些密續將其分爲四種光，有些則分爲五光。事實上，這就好像你昏過去後，伴隨光的出現，意識慢慢地、慢慢地開始復甦。

例如要讓理智功能出現，心就必須開始運作。首先我們必須有感官的覺知。心開始接收這些感知，但此時還沒有推究或思考，要慢慢地且一步一步地，思考才會升起。

就是這個階段：有覺知狀態的出現，而心尚未開始進入例如思考這樣的運作，我們透過此階段進入所謂的自然光狀態。一般總認爲密續修行者就是在這段時間證悟自身。在密續裡，這段時間亦被形容爲見到母光明[3]的時刻。正是在昏厥後的這個時刻，覺知才再次展開或重新甦醒。

密續的灌頂中有四層灌頂，當中最後一種稱爲句義或名詞灌頂。如果那時你已瞭解的話，上師會給予你一種直指心性的教授[4]。儘管你尚未了悟此俱生心，但是你積極參與、具備承諾和信心，並以熱忱來修習，有時可能在意識最後一次甦醒的那個時刻，出現對俱生心或本覺一閃而逝的認證。這並不容易，但是如果你眞正具有這樣的知識，這是有可能的。在你通過或經過（這個階段）的時候，會開展出一系列的光，對這些光有很多種解釋。

在大圓滿教法中，這些階段的最後一個，即第五種光，叫做隴竹（*lhundrub*）[5]，即「自圓滿」的狀態。在這個時刻，你的意識再次甦醒，你就有可能認出之前上師透過直指教授所傳給你的。這個傳承的經驗，我們稱之爲智慧的體驗。

讓我們以太陽做比喻。想像天空為雲所覆蓋，透過雲層間隙，你對太陽驚鴻一瞥，即使雲層不會讓全部的陽光照射下來，你還是擁有了什麼是太陽和陽光的體驗，這個體驗就好比是對智慧的體驗。

這種知識被稱為「子」智慧，相對於「母」智慧或完全體驗。當我們修習時，我們即試圖發展這種子智慧，這個智慧是「母」之「子」。

有些人藉由修習，成功地完全發展出這樣的智慧，於是在此生完全證悟自身，據說這樣的人能夠證得光身[6]成就。

但即使你沒能完全了悟自心本性，然而你已經有了修習的經驗，那麼在死亡後的那刻，亦即處於 *lhundrub* 的狀態，當你碰到母光明時，在你的心開始運作之前，你也可以證得智慧的全部現前；這被比喻為「母子相會」。有些書提到子光明與母光明的會合，但是其真正的意涵是——我們只有一個例子說明：我們現在與其完滿性相遇。

當我們經歷各種光境直到究竟的光，這個 *lhundrub* 或稱自圓滿之光時，是任何一位及每一位密續修行者都可以證悟自心的狀態。只有在這個狀態之後，受生中陰才會開始。以上我們經驗的是法性中陰。爲什麼我們稱之爲法性？因爲這代表我們實際潛在的狀態，或根本覺知。

法性中陰之後，受生中陰便開始，即我們一般所熟知的「存在中陰」，換言之，就是心再次開始運作的階段。就好像我們現在已經進入了夢的狀態，在夢中你可以夢到任何事情，隨後在某一特定時刻你會醒來，開始新的一天，所以這就好比你從中陰中出來，開始另外一個「存在」。這個存在是由其業相所決定，即你如何於輪迴中流轉，這也是我們如何進出晝夜並以此方式持續著每一天。

所以我們可以瞭解各種中陰的狀態，不是經由閱讀而來或抽象地理解，而是與具體修行有關。若想爲死亡和受生中陰做準備，就必須從事自然光修法。若你已通達或覺知自然光狀態，你也會在死亡時刻具有那樣的覺知與現前。如果你能在自然光的現前與覺知中死去，就意味你通達光的顯現，這樣你就能毫無困難地認證母光明。

讓我再次說明：隨著受生中陰的展開，心的功用或運作，其被稱爲意生身，也同時開始，此與夢狀態的升起相同。在我們所做的修習中，必須要對自然光狀態具有覺察或掌握。當一個人覺察到自然光狀態的現前，即使隨後夢狀態升起，也會自發地轉爲清明，覺知到自己正在作夢，並可自動達到對夢的控制。這意味著夢不再限制這個人，而是這個人主控著自己的夢，依此才說夢境修習是次要修法，所以對於自然光修法如何重要，是再強調不過的事了。

如前所述，當我們開始作夢時，或許會有兩種一般類型的夢其中一種，一種是業力的夢，另一種是明性的夢。除了從我們現有的人生反映出業力的這些夢以外，業力夢同樣也能與我們的過去世有所關連。

另一種夢類型是明性之夢。爲什麼我們有明性之夢呢？因爲每個人從最開始就具有無限的潛能，這是我們每個人都擁有的本俱心的一項特質。有時即使我們並未從事特定修習，但因爲我們具備那樣的本性，明性之夢還是會顯現。如果你正在從事夜修法且益發熟習，那麼明性之夢就不只是偶爾，而是規律性地經常出現，你會更加熟稔於明性夢的顯現。

現在你或許已瞭解什麼是夜修法的原理及其重要性，接下來我要解釋如何修習。

如果你是一個焦慮不安的人，那麼在你睡覺之前，要做一些深呼吸來調整氣息，以便讓自己平靜下來。然後專注觀想一個白色的藏文ཨ在你身體中央（中譯按：即心輪）。如果你偏好英文的「A」也可以，重要的是在心裡要有一個相應的「阿」的發音。當你看到這個字母時，自動知道它的發音這點很重要。

如果你一開始不能成功地專注於並看到這個ཨ，或許是你還不知道如何觀想。你可以試著在一張紙上寫下這個ཨ，放在面前盯著看一會兒，然後閉上眼睛，這個ཨ就會立刻出現在你心中。以此方法，你可以得到更加精確的影像。

如此你試著專注於這個白色ཨ，或將你的注意力集中在這個白色ཨ的呈現上，儘可能地保持越久的時間。

你也可以做一種訓練，以便更確切地感受這個字母的出現：想像從位於身體心輪位置的ཨ升起第二個ཨ，接著從第二個又升起第三個，直到你能夠看到一長串的ཨ一直上升到達頭頂，然後你再觀想這些ཨ向下回到原處。如果你沒有立即睡著的話，可以重複這個觀想幾次。無論何時當你覺得難以感受ཨ的出現，做ཨ字串的練習是非常有幫助的，這是爲你的明性充電的一個方法。

最重要的一點是，當你入睡時，要盡力讓ཨ呈現出來。最初要精確與清晰地觀想，隨後你就要放鬆。放鬆並不是說你扔掉這個ཨ或是不管它了，而是你保持對這個字的呈現感，然後你放鬆，接著睡著。

你應試著每晚做自然光修法，就如同你應試著持續不斷地處於禪觀狀態一樣。每個片刻和每個活動都有方法可以從事大圓滿的修習，然而如果大圓滿夜修法對你來說比較困難，且你已對從事密續方式的夢修法更有經驗，也已獲得某位本尊的灌頂，那麼也許對你來說，繼續你的密續修法會更爲有益。例如，如果你在修金剛瑜伽母[7]，那麼臨睡前，你就要試著在身體中央觀想一個非常小的金剛瑜伽母，我們稱之爲「原本智慧尊」（Jnanasattva），意指「智慧顯現」。

你保持這個觀想的呈現並繼續你的睡眠。在密續的夢修法中還有其他類似上師瑜伽[8]的觀想修習，例如你可以觀想持金剛[9]作爲你上師的總集，並在你的身體中央顯現。你要保持住這個觀想的呈現，放鬆，然後慢慢地、慢慢地入睡。因爲這些是密續的修習，你應只修習從上師那裡接受的特別指導。

相較之下，在大圓滿中，我們一般做白色ཨ的觀想（如前所述），以便協調能量。我們觀想身體中央白色ཨ，在呈現這個白色發光的ཨ後，我們慢慢地放鬆。當我們做這個觀想並慢慢但完全地放鬆，目的是不要有任何緊張；如果我們沒有完全放鬆就無法入睡，我們必須沒有思維造作地自動顯現這個白色ཨ，然後放鬆所有努力並入睡。

爲了要提醒你自己觀想這個白色的ཨ，並做大圓滿夜修法，在靠近你的床邊放一張白色ཨ的圖片或符號，會非常有幫助。沒有人會知道這是什麼，也許他們會以爲這是件藝術品，但你自己知道其確切的功能。

當你早上醒來時記得做白色ཨ的練習，也同樣非常重要。如果可能的話，你立刻發出「阿」聲；若因還有其他人在睡覺不能大聲唸出來，那麼在呼氣時發「阿」的氣音也可以，只要你自己能夠聽到並感受白色ཨ的呈現，這是上師瑜伽的一個方法，沒有必要唸誦很多詞句或祈請文。簡單地保持這個白色ཨ的出現，並認識到這個ཨ是你所有上師心意的總集，便已足夠，接著你要將此融攝於禪觀狀態或本覺之中。

清晨以這種上師瑜伽的方式開始是非常好的，也會非常有助於你所有的修習，特別是夜修法。你在入睡前做白色ཨ的觀想，然後在早上醒來時又記起，就形成一種銜接。

對於那些之前沒有修過此法的人，前兩次或第三次嘗試也許都不會成功；事實上，你可能發現自己才試了一下就突然睡著。就像做任何事情一樣，直到你學會之前都會很困難，但如果你以意志力儘量堅持，總是會熟悉的。

如果你能夠像這樣入睡，就會發現自然光狀態的全貌。當你入睡時，實際上是以完整的覺知入睡。如果當你進入夢的狀態時保有這個心的清明顯現，就會很容易認知到自己是在作夢。或許這不會馬上發生，但你會慢慢達到這個結果。

即便這個自然光沒有立即出現，最初的成效會開始在夢的狀態中顯露，你或許發現自己作了些奇怪的夢。我說的「奇怪的夢」是什麼意思呢？如前所述，我們一般有兩種類型的夢：業力類型的夢來自我們的困境、問題、記憶及關注事物的軌跡；還有一種類型的夢則是我們自然明性的顯現。例如接近清晨時，可能會出現你從未想過的有趣的夢，夢中事物跟你的思維與過去的軌跡無關，而是與你的明性較有連結。如果你從事自然光修法，自然明性的夢將會更頻繁地出現。

如果你持之以恆地從事這個認證自然光狀態的修習，自己正在作夢的清明認知會逐漸容易重複發生，如此就會在夢中升起穩定的覺知，同時你也會知道自己正在作夢。照鏡子時你會看到反射，無論鏡中影像是美或醜，你知道那是反射。這跟夢中處於清明並且知道「夢就是夢」類似，無論夢是悲或喜，你都會覺知到那僅僅是場夢而已。

作夢狀態中的覺知成爲一種自我發展、打破個人沉重侷限的方式，以這種覺知，我們便可以操控夢的內容。例如，一個人能夠夢到他所希望的任何事物，或可以揀選一個想要的主題，也可以接續上次未完成的夢。

在密續體系中，特定的夢瑜伽修持法的目的，是爲修行者死亡後的中陰做準備。但對大圓滿體系來說則並非如此。在大圓滿體系中，一個人沒有必要從事夢修法，因爲夢修法會從修習自然光修法中自然升起。如我所說的，這個修法最重要的是要在入睡前做特定的白色ཨ觀想，在做這個觀想時，我們利用心的運作以便最終能超越這個心。

做這個觀想時採取什麼姿勢並非絕對重要，很多人躺在床上後才做這個觀想練習，這端賴你是什麼樣的人而定：有的人僅僅閉上眼就能睡著，有的人則可能需要服用安眠藥。

讓我們以一個躺下就可以馬上睡著的人爲例。如果這個人在練習時稍微分心一會兒就會睡著了，對這類型的人，採取一個特定姿勢或許會有幫助。若修行者是男性，右側臥會對他有所助益；假設他沒有因感冒而呼吸不順的話，用手堵住右邊的鼻孔也會有幫助。

對女性而言，睡姿正好相反：女性修行者應左側臥並試著堵住左鼻孔。我不是說如果你得了感冒就不要呼吸，這樣當然不是件好事；但通常會發生的是，當你側臥時沒被堵住的鼻孔即使鼻塞，幾分鐘後就會暢通。

男性和女性姿勢相反的原因，與日（陰性）和月（陽性）氣脈[10]有關，我們採取這些姿勢以便更容易進入禪觀狀態或自然光的覺知中。如果這些姿勢讓你更難以入睡，那麼就不建議如此，這是爲什麼這些姿勢主要是針對容易入睡的人。

讓我們想一下相反的情況，那就是一個人眞的有入睡的問題，在此情況下，做這種觀想練習或採取這樣的睡姿就不適當，可能只會讓這類型的人更加緊張，或許根本睡不著了。對此類的人，替代的方法會是：觀察自己的念頭，無論出現什麼念頭都只是去觀察，然後處於這個觀察念頭的狀態而不涉入或受其限制，如此讓自己入睡。只要不被念頭所分心，這個方法並不會對入睡造成妨礙，是任何人都能做的。

如果你有夜晚失眠的問題，有其他一些練習可以應用來幫助入睡。例如，失眠通常意味你需要去協調體內不同元素的能量和功能，一旦你的能量失調，就會讓你睡不著，在這種情況下，重複一種深呼吸的練習會有幫助，你可以在睡前做九節佛風淨化呼吸[11]。還有一些作爲輔助睡眠的身體運動，例如幻輪瑜伽裡八種動作[12]系列，能幫助你發展正確呼吸的能力，也能平衡你的能量。

除此之外，有些西藏藥物也可以幫助失眠的人，並且不會像安眠藥產生依賴性或其他副作用。這些藥例如 Agar 35 和 Vimala[13]，可連續服用一、兩個月，服藥期視你的需要而定，不會導致任何不好的副作用。更確切地說，這些藥會有助於你的健康並協調你的能量，當你不再需要服藥時即可停用，而不會有停藥的症狀或不良反應，這就是這些西藏藥物的好處。

如果你已習慣於西醫的安眠藥，初期時你可以與安眠藥交替的方式服用藏藥，以減少安眠藥的藥癮。一晚服用西藥，隔天晚上服用 Agar 35，這樣交替使用一或兩星期後，你就能停用西藥而不會有問題了。

當這些西藏藥物開始可以使你安眠時，你不能只想著服藥，還應該按照前面所提的那樣做呼吸練習，因爲這與睡眠非常相關。

有時你無法入睡，是因爲你的三種體液[14]之一受到擾亂。當風元素的體液被擾亂時，特別會有睡眠的困難。風元素與氣或能量連結，當氣紊亂時就很難入睡。想知道更多這方面的資料，可以查閱西藏醫學的書。關於這個主題，我寫過一本書[15]，解釋這三種體液以及如何克服這些問題。例如，要對治和風疾病有關的問題，晚上要早點睡、睡覺時穿著保暖，以及上床前吃點東西，例如湯汁。如果你晚上不睡覺，非但不放鬆，甚至還努力工作到很晚，或者食用生冷蔬菜，都會使這種情況更加惡化。西藏醫療書籍中有很多東西可以學習。

每件事都是相互關聯的。首先試著做這些準備工作，如此你便能夠入睡；如果你成功了，接著就能修夜修法了。如果你的情況介於能立即睡著和不能入睡之間，那麼觀想一個白色的ཨ或「A」，但不是非常明亮。如果你有入睡問題，就不能把白色的ཨ觀想得太過明亮；你也可以觀想它在五色球體中，這會讓你更容易入睡。此外還有許多不同種類的人以及不同的情況，我們都應該去瞭解。

如果你致力於修習此法，慢慢地，你會成爲自己夢的主人；一旦你具有更多的覺知和更多的明性之夢，作夢即成爲一項修持。如果你在夢中具有覺知，就能在「作夢狀態」經驗很多事情。在夢中發展你的修習，比起白天更為容易。在白天，我們受限於肉體；但在夢中，我們心的運作和感覺的意識皆不受妨礙，我們能有更多的明性，於是具有更多的可能性。例如，夢中修習大圓滿高級修法妥噶[16]和大圓滿界部[17]是有可能的。如果在白天從事這些修法，你肯定能得到禪修經驗；但在夢中，你卻能經驗到超越肉身的限制，這是為什麼夢修法非常重要的原因。在白天，我們所有的經驗非常受限於我們的執著和緊張，我們覺得每件事物都是具體而實在的；在夢中，一開始我們或許會覺得事物具體存在，但隨後突然記起這是一場夢，當你在夢中清醒，你知道自己正在作夢，而且夢是不眞實的，你就能知道自己處於一種非眞實的狀態中。一旦你擁有這種經驗，就同樣能覺察到日常生活某些較為執著的事物，其最終的結果即得以減輕你的緊張。

如我前面所提，假如我們掌握夢已達熟練，就能夠轉化夢境。如果我正夢到某個醜陋的東西，我可以將其轉化成美麗的；我可以讓夢來處理一些我選定的主題或論證，或者展現一些我想像的幻境；我可以拜訪天堂樂土，或與某位上師接觸。有很多事情我們都可以去做，往往也能夠如我們所願地讓夢發生，這也可以成爲個人實際進展的檢測。

對那些發現在自己夢中很難具有我提及的這種覺知的人來說，閉黑關[18]的修持法非常有幫助。在黑暗中待上兩、三天後，你就喪失了對晝夜的判知，你會睡得越來越淺，睡了又醒、睡了又醒。這樣的閉關提供你發展覺知與明性的良機，在這種環境下，你將更容易發現當你睡著卻具有覺知是什麼意思，你清醒和睡著的狀態因而能整合在一起。

一般來說，對於一位修行者，獲知進步徵相的主要方法之一即是透過夢境顯現，有時會爲了利益修行者，在夢裡會出現某種干預。例如，如果我正做錯某事，我可能透過一個夢而得到溝通，其可能是以教法傳承的方式傳達，也可能是藉由護法或空行母來溝通。

許多問題能夠透過夢的傳授而獲得解決，因爲你不能期望上師都能一直活生生地爲你解答。

例如，當我到義大利差不多三年時，夢到我的上師蔣秋多傑[19]。在夢裡，我確實覺得自己已回到西藏，因爲夢看起來是如此眞實。事實上我對中共有點害怕，我擔心地對自己說：「誰知道這次中共會不會再讓我出去？」之後我見到我的上師，我覺得很不好意思，因爲我想趕快向他問好，然後就要離開回去義大利。我的上師對我說：「我們很多年沒見面了，你的修行如何了？」我說：「嗯，就是那樣啊。」接著他問：「你正在修什麼法？」我解釋說我正在盡最大努力將且卻[20]帶入日常生活中。「你還沒有做任何妥噶修法嗎？」他繼續問道。我說：「嗯，沒有，我還沒修妥噶。」他又問：「爲什麼不修呢？」「嗯，」我回答說：「因爲你告訴我首先要把且卻修得完美，我必須將且卻修得非常穩固，所以我正在把我的且卻修得完美和非常穩固。」他說：「那麼，你自己對於妥噶的瞭解，有沒有任何疑問？」我說：「沒有、沒有，我沒有任何疑問，我只是還沒開始修這個法而已。」他說：「那麼你最好開始修習妥噶，那非常重要。」我說：「好，我現在就開始修。」他說：「現在聽好，如果你對妥噶有任何疑問或不清楚的地方，去問吉美林巴[21]。」我問：「吉美林巴在哪裡？」「在那邊山上的洞穴裡。」他回答。「在哪個山上？」我問。因爲我的上師所住村子的正後方，有一片陡峭的山崖，當我跟上師一起生活的時候，曾經上到那座山去採藥很多次，我很瞭解上面沒有洞穴，至少在當時並沒有任何洞穴。我自己想：「既然如此，爲什麼他要告訴我上面有一個洞穴呢？」上師變得很憤怒，他說：「如果你眞想要瞭解些什麼，就要上到那裡去找吉美林巴。」

所以我沒有再爭論。我感到非常好奇，出來後我開始爬上這座山，想去看看洞穴在哪裡。有某些岩石面是白色的，但在這個夢裡，我發現它跟以前的樣子有點不同，上面全部刻滿了數不清的文字，我可以讀得懂那是藏文，看起來像是一部密續。我想：「太奇怪了，以前不是這個樣子的。」然後我想：「若從密續上走過或爬過去，我將因此積累一些惡業。」這種想法是西藏人的觀念。所以帶著這個觀念，我開始唸誦百字明咒[22]，然後我繼續慢慢地、慢慢地往上爬。

在某個點有塊彎翹的岩石，我必須爬上去。這塊岩石像是一標題頁，是我剛爬過的密續的標題，叫做 Trödral tönsal nyingpoi gyud。Trödral 意指「超越概念」；tönsal

意思是「闡明涵義」；nyingpoi 則指「精髓」。後來我才發現的確有這個名稱的密續。

然後我繼續爬，慢慢地、慢慢地接近這座山的山頂，那裡的確有一個洞穴，走近後我往裡看是一個相當大的洞穴。在洞穴正中央有一塊石頭，是白色的圓石，很硬也像大理石，但可不小，是一塊大圓石。有一個小男孩坐在石頭上，我確定他不超過七、八歲。我環顧四周，裡面沒有其他人了，我自言自語道：「這太奇怪了，吉美林巴生活在很久以前，他不可能是像那樣的小男孩。」同時這個小男孩也在看著我，我自己想說：「既然上師叫我上來這裡見吉美林巴，誰知道，或許這便是吉美林巴的某種示現。」我想我最好還是對他表現好一點。

所以我直接走向這個小孩。他穿著一件像透明藍色襯衫的衣服，然後就沒穿其他的了。他留長頭髮，但沒有像瑜伽士那樣綁起來，看起來就像是個普通小男孩。我覺得這非常奇怪，所以我走到他的正前方，說：「蔣秋多傑上師派我來見你。」這個小男孩看著我，看起來像是聽到我這樣說令他很吃驚似的。看著這個小男孩，我開始懷疑他，但是還是觀察他在做什麼。最後他示意我坐下。我坐下後，他伸手碰觸頭部後面並拿出一卷紙，是一個卷軸，他攤開這個卷軸即開始讀誦。當他在唸時，是以一個小男孩的聲音，但他沒有給予教授或解釋，只是在讀。他讀了四、五句，一聽到他的聲音，我立刻瞭解到那個卷軸是一卷密續，那一刻震撼了我：「啊，這是眞的，他眞的是吉美林巴！」因爲普通小男孩幾乎不可能製作一個卷軸，然後以此方式唸誦。我帶著這樣的情緒和驚訝的想法，從夢中醒來。後來我費心研究並尋找這些文本，並在關於大圓滿的妥噶修法中找到了具體的教本。

這是一項事實例證，說明上師與弟子之間的關聯總是存在的，這無關乎時間與距離的阻隔，那時我的上師遠在西藏，而我則住在歐洲。

隨著修習的進步，有些可能性就可以在夢中發生。

如果你是在保有ཨ字中入睡，就會發現自己早上醒來時，這個ཨ依然存在，那麼你就可以假設你花了整晚的時間在修持。由於長夜漫漫，而你沒有其他事做除了睡覺，所以利用這段時間很重要。對一個修行者而言，夜晚能夠變得甚至比白天的修持更重要。

夢境修習的最終目標是要讓夢成爲覺知，並且在最終點時讓夢確實停止。你運用自己的修習，即能讓你的夢影響日常生活，這是夜間的主要修法。你應嘗試每天晚上做自然光修法，就好像你應嘗試處於持續的禪觀狀態一樣。每個早晨以及每個行動，都有方法可以進行大圓滿的修持。

註釋

1. 中陰（bardo）：字面上是「中間狀態」的意思。一共有六種中陰：第一種是此生中陰（藏文：*skye gnas bar do*），是日常清醒狀態的中陰，這是我們醒時意識到如我們所知的現實的經歷；第二種是睡夢中陰（藏文：*rmi lam bar do*），是「作夢狀態」中陰，即睡覺時作夢狀態的經歷；第三種是禪定中陰（藏文：*bsam gtan bar do*），包括從初學者的禪坐到完全證悟所有的禪修體驗；第四種爲臨終中陰（藏文：*'chi kha'i bar do*），指組成我們身體的五大元素（地、火、水、風、空）依次消融入另一個的過程。根據《西藏度亡經》所言，首先，黃色的地大元素融入水大元素，臨終者同時看到黃色並感覺虛弱而無法站立，彷彿周圍的一切都在崩潰。第二階段，水大元素融入火大元素，臨終者會於內在看到白色，而其外在則感覺四周似乎被水淹沒，此刻臉和喉嚨感覺很乾，口渴難耐。第三階段，火大元素融入風大元素，臨終者於內在看到紅色而外在周遭則十分炙熱，當體熱消融時，就會有熱火焚身的感覺。第四階段，風大元素融入空大元素或乙太（ether），臨終者於內在看到綠色，而於外在經驗到周遭的一切似乎被颶風和響雷所摧毀。在第五階段，乙太融入意識，一切現象變暗，意識暫時消失，就像昏厥過去一般。

第五個中陰是法性中陰（藏文：*chos nyid bar do*），即實相中陰，是由於個人業力習性所致，帶來特異景象或幻覺般的經驗。運用禪修的覺知，我們可以有機會認證這些影像背後是如幻的眞實本質，這些幻覺景象在本質上類似於夢中影像。因此，具有清明夢的能力，有助於我們理解這些都是幻相。根據《西藏度亡經》，如果亡者能夠繼續保持這樣的見地，即瞭解這些可怕的經驗只不過是自心的顯現，就有可能（於法性中陰）獲得證悟。

第六個中陰是受生中陰（藏文：*sidpai bar do*），即尋求輪迴重生的中陰，相當於藏傳佛教轉世的說法。受生中陰詳列亡者將投生於六道（天道、阿修羅道、人道、畜牲道、餓鬼道、地獄道）之一的過程，其取決於業力。與心理分析理論有趣味性的雷同是，藏傳佛教傳統指出當亡者仍處於意生身時，將會受到父母中的異性方的性吸引，而會對父母同性的一方產生排斥。事實上，根據藏傳佛教哲學，所有尚未轉世的眾生看到的是未來父母的性器官，這或許就是我們所稱戀父或戀母情結最根本的基礎所在。

2. 密續（tantra）：字面意思爲「持續」，其涵義爲儘管所有現象都具空性，但仍會持續顯現。所有密續的方法主要都是要將被迷惑的思想轉化爲純淨的感知。見《水晶與光道》（*The Crystal and the Way of Light*），頁四十九。密續一詞亦指這些所提及方法的文本。

3. 母光明（mother light）：在大圓滿中練習夢瑜伽或淨光修持法，在剛入睡那刻及「作夢狀態」升起之前，所經驗的淨光，稱爲「子」淨光。若藉由正確的禪修練習或禪定，能夠在活著的時候清楚認證淨光，那麼在死亡時，修行者會再次認證並融入「母」淨光，這便稱爲「母子相會」。母淨光是自然本俱的光明，正如它在人死後全部顯現的那樣。見約翰．雷諾茲所著 *Self-Liberation Through Seeing with Naked Awareness*（Ithaca: Snow Lion Publications, 2000）, p. 153, n. 63。

4. 直指自心本性（introduction to natural mind）：上師以各種不同的方法來讓弟子認

識俱生心，幫助弟子發展覺知。又稱爲本覺，是個人本然狀態下的自生覺性，指清淨覺知。

5. lhundrub：字面意思爲「自圓滿」（self-perfection），指個體的狀態或存在，其作爲所有顯現的基礎自本初以來即爲圓滿，這些顯現或反射自發地升起並俱足一切。lhundrub 特指自圓滿狀態本俱的明性。

6. 光身（Body of Light）：藏文爲 jalü（*ja'lus*），亦稱「虹光身」。某些開悟眾生（達大圓滿界部和口訣部層次的修行者）在死亡時，能將凡夫肉身轉化爲光身。在這個過程中，物質身體消融入其本來狀態，即淨光的狀態。當身體各大元素被淨化，就會由它們粗重的顯現形式（身體、血肉、骨頭等）轉化爲五色光的純淨本質：藍、綠、白、紅和黃色光。當身體融入這五色光時，就形成了彩虹，全部肉身所剩的只有指甲和頭髮。二十世紀大圓滿修行者獲得虹光身成就的，包括南開諾布仁波切的上師和家人，例如他的叔叔烏金丹增（Ogyen Tendzin/Togden）。

7. 金剛瑜伽母（Vajrayogini）：一位以報身示現的禪修本尊，代表本初智慧的女性面向。

8. 上師瑜伽（Guruyoga）：與上師（guru，個人的主要上師）的心合而爲一。上師被看作是所有證悟者心的示現，上師的心則被認爲與我們本俱的覺知無二無別。藉由修習上師瑜伽，我們可以接受到上師的加持，藉此能讓我們安住於本初狀態的境界。上師瑜伽的種類有繁有簡，密續中上師瑜伽的形式較爲複雜，而在大圓滿中則以簡單的方式修習。

南開諾布仁波切最常教導的上師瑜伽形式之一，是應用一個白色ཨ（藏文「A」），觀想這個ཨ位於身體中央，代表自己所有上師的總集。藉由發出「阿」聲感受上師們的加持，這樣我們便可以進入與他們證悟的覺知融合在一起的狀態。

9. 持金剛（Vajradhara）：一位男性禪修本尊，釋迦牟尼佛以此身相給予密咒教法。

10. 陽性和陰性氣脈（solar and lunar channels）：在藏傳佛教阿努瑜伽文本所發現密傳的氣脈文獻中，有對脈（藏文：*rtsa*）的詳細解釋，脈中有內在風息運行。陽性和陰性氣脈被認爲位於中脈（*uma*）兩側且與脊柱平行，分別代表女性和男性能量。兩者顏色——紅色和白色，以及位於右側和左側的位置，在不同的密續裡說法都不同。

11. 九節佛風淨化呼吸（ninefold purification breathing，藏文：*lungro selwa*）：是在一座禪修或練習幻輪瑜伽（Yantra Yoga）之前所做的一種呼吸練習。在此練習中，觀想自己吸入純淨的氣，呼出負面和不淨的氣。此呼吸法被用於禪坐的前行，以平衡能量並安定心神。

12. 八種動作（the eight movements，藏文：*lung sang*）：用來淨化氣或呼吸的瑜伽練習。這八種動作描述於西元八世紀時毗盧遮那（Vairocana）所著幻輪瑜伽文本「日月和合」（The Unification of the Solar and Lunar，藏文：*Trulkhor Nyida Khajor*）。見南開諾布仁波切所著《幻輪瑜伽》（*Yantra Yoga: The Tibetan Yoga of Movement*），雪獅出版社（Snow Lion Publications）出版。

13. 阿噶（Agar 35）和毗馬拉（Vimala）：西藏草藥。Agar 35 由三十五種天然成份製成。Agar 35 和 Vimala 兩者都可治療失眠並平衡氣的失調。這些配方藥可由西藏醫學暨星象學院（Tibetan Medical & Astrological Institute）購得，地址：

Gangchen Kyishong, Dharamsala-176215 Distt. Kangra, H.P., India 。（中譯按：或網路商店「Shang Shung Institute Shop」，品名：「Tibetan Herbal Medicine: Agar 35; Bimala」。）

14. 三種體液（three humors）：*lung*（氣或風）、*tripa*（膽汁）和 *pedken*（黏液；痰）。這三種體液的平衡被認為對身體健康很重要，若失去平衡將導致人們易罹患多種疾病之一。

15. 南開諾布仁波切，《出生與生命：西藏醫學論集》（*On Birth and Life: A Treatise on Tibetan Medicine,* Arcidosso, Italy: Shang œ Shung Editzioni, 1983）。

16. 妥噶（thödgal）：先修且卻明悟自心本性隨即修妥噶，且卻沒有修持圓滿就修妥噶是沒有用的，因此在那之前，妥噶修法都是保密的。妥噶被認為是獲致完全證悟最快捷的方法。妥噶修法是將顯相和空性結合（中譯按：顯空合一），藉由光明心相，修行者繼續發展禪觀狀態直到虹光身之證悟。見《水晶與光道》，一三〇頁，以及約翰・雷諾茲所著 *Self-Liberation Through Seeing with Naked Awareness*, p. 136,

n.33。

17. 界部（Longde）：大圓滿三系列教法之一，分爲：心部（*Semde*），即心（mind）的系列；界部（*Longde*），即空（space）的系列；和口訣部（*Menngagde*），即精要系列。大圓滿三部教導在究竟上具有相同的目的，即將修行者引入完全的禪觀。界部特別以象徵的表達方式來運作（持明表示傳承），較廣爲人知的是，界部修法是藉由採取特殊的身體姿勢並按壓不同部位來達到禪觀。見南開諾布仁波切見《水晶與光道》，頁一一六。

18. 黑關（dark retreat；藏文：*mun mtshams*）：黑關經常被應用於大圓滿高級修法「仰滴」（*yangti*），是一種在完全黑暗中修習的高階大圓滿禪修技巧。經由仰滴修法，一位已經能夠維持禪觀的修行者可以快速達到完全證悟。

19. 蔣秋多傑（Changchub Dorje）：南開諾布仁波切的一位主要上師。蔣秋多傑是一位伏藏師和大圓滿上師，是南開諾布仁波切認爲眞正將他引介到大圓滿狀態的上師，他還給予南開諾布仁波切心部、界部和口訣部的傳承。儘管蔣秋多傑是一位非凡的上師，但卻過著簡單的生活，穿著如普通鄉下人。蔣秋多傑在東藏德格的娘拉噶（Nyalagar）指導一群由大圓滿修行者組成的小團體，他不僅是喇嘛（上師），還是經驗豐富的醫生，人們會從遠地而來聽聞他教授佛法並接受醫療諮詢。南開諾布仁波切曾擔任蔣秋多傑的書記及秘書，並協助他進行醫療諮詢。

20. 且卻（Tregchöd）：字面上的意思是「緊張的消解」，這個詞指的是完全放鬆的經驗。且卻是在所有情況下都保持本覺狀態的方法，且能在任何時候切斷散亂的二元思想，將我們帶入純粹的當下覺知。

21. 吉美林巴（Jigmed Lingpa, 1729-1798）：吉美林巴是無垢友的化身，他是來自中藏的一位偉大的寧瑪派大圓滿大師。藉由淨相中親見龍欽巴，他重新發現了龍欽寧體教法。吉美林巴的著述涵蓋歷史、星相等各種主題，並激勵日後藏傳佛教不分教派的利美學派之發展。

22. 金剛薩埵百字明咒：藉由唸誦百字明咒可以淨化惡業和障礙；此咒亦為藏傳佛教最著名的咒語之一。

3

修習夢之精要[1]的方法

原文版編者按：此章進一步加深了前一章對夜修法的解釋，內容摘自南開諾布仁波切個人多年所寫的深奧的大圓滿著作。

切斷對夢執著的方法，可細分爲五個部分：包括說明如何修習脈與氣、夢境、幻身、淨光和遷識之要點。除了脈與氣的修習之外，其他四項在本書中都有介紹。第一種方法沒有涵蓋於本書中，即說明如何修習氣、脈之精髓，此包括從一位具認證資格的幻輪瑜伽老師那裡學習持氣（空巴卡）[2]呼吸法，並從一位具格上師處接受大圓滿傳承，這對一位想要夢修成功並學習如何控制氣的修行者來說，是十分有助益的。

本章詳述第二種方法，以下部分即說明如何修習「夢之精要」（Essence of Dreams）。

如前所述，讓我們重新檢視夢修前行準備和實際修習。關於準備，進行一次閉關做第一個練習，即專注於六種子字及其淨化法[3]，這樣或許會有幫助。做這個練習一段時間後，會升起很多混亂的夢，這些夢的出現是準備工作完成的徵兆，之後就可以繼續修習的部分了。

關於如何修習「夢之精要」的說明，有兩部分：第一，夢修重點應用方法的說明；第二，對夢中行爲要點的說明。

關於第一部分應用方法，有三種基本方法：首先是認知夢境，其次是控制夢境，第三是分辨並認出習氣或業力軌跡。從事認知夢境的準備工作時，建議大家要放鬆身體，例如每天晚上睡覺前淋浴及按摩。然後必須下定決心向夢修之道邁進，要在夢中獲得完全的覺知與清明，且絕不散亂分心：「我要在夢中知夢。」

初期可以採用之前提到過的姿勢來幫助練習。修行者臥於單側：對男性來說，右側與明性有關，左側則與空性有關（女性則相反）；下方的手置於臉頰下，並用手指堵住同側的鼻孔。當左側主導時，或說便於空性的運作；右側主導時，則有助於明性的運作。因此一開始時，男性最好左側臥，如此將不會妨礙右側，以便增進明性；對於女性則相反。之後當練習穩定的時候，姿勢就不再重要。

如果沒有明性，就好像沒作任何夢，這意味有睡太沉的問題。在這種情況下，就要抬高床或枕頭，或睡覺時留一盞燈，或把窗戶打開。另外還可以試著蓋得少或輕些，讓臥室有更多空氣流通，或移到一個更開放的地點睡。假如還是不能規律作夢的話，就要試著以任何自己覺得舒服的方式入睡，無論躺在哪一側皆可。

如果夢還是不清楚，就要觀想一個發光的白色明點位於額頭中央第三眼的位置。如果還是不行，觀想這個白色的珠子每晚都會發出比前一晚更強烈的光芒。漸漸地，以這種方式讓心專注，無論什麼夢升起都會清晰了。如果由於這樣的專注方式而難以入睡，那麼也可以在喉間觀想一個紅色的字母ཨ。如果觀想字母有困難，觀想一個紅色的珠子也可以。如果你仍然不記得夢，觀想這個紅色的字母或珠子每晚都比前一晚更亮。

如果還是有困難，就觀想一個白色的珠子在額頭。這些專注法只有在不記得夢的時候才要應用。

假如你能夠在這種專注狀態中入睡，升起的夢境肯定會很清晰，你的夢也會變得更具明性，漸漸地，你就會發展出更大的覺知。

按照這種方式認知夢境後，現在可以訓練控制夢了。如果夢境是清晰的，但是我們在「作夢狀態」中並不清明，那麼就要抱很大的決心去訓練如此思維：「所有白天所見都是一場夢。」不斷提醒自己，我們所見及所做的一切都只是一場夢而已。一整天下來藉由把每件事都看成像夢一樣，夢和覺知就能完全融合。如果你在白天大部分時間都專注於想像自己生活在一場夢中，那麼到了晚上，夢也會變得不那麼眞實了。經驗夢境的主體是心，藉由記住所有的一切都是夢，你就開始消融這個「主體」，也就是說，這個心自動開始消融。

或者以另一種方式來說，當客體或景象被消融，作用自然會轉向主體，導致它的完全消解，因此景象和夢都將不復存在。

我們發現主體並非具體存在，而境相也只是一種「反射」，因而了悟兩者的眞正本性。境相爲業力和心靈痕跡或經驗印記所創，是所有幻象的起源。如果我們對虛幻現實生起眞實覺知，就會達到眞實的「現實」消失的境界。證悟即意謂對於醒時狀態和夢時狀態的眞正瞭解。

接著在入睡前，持續專注於喉間紅色的ཨ，以此方式入睡，就會將風或氣與專注力結合在一起。睡著以後，若不再因爲觀想喉間紅色發光的ཨ而醒著並因此分心，就可以在夢中認知是夢。關於這個過程，一開始當有惡夢升起並伴隨令人恐懼的事物，例如洪水、大火、兇惡的狗（或其他動物）、敵人和懸崖峭壁等，由於受到震驚，你也許會立即變得清明，並想到「這是一個夢」，這稱爲「認知惡夢」或「藉暴力方式認知夢」。以這種方式獲得清明是相當普遍的。一旦有了這樣的認知並熟悉清明後，我們就會認出所有的夢，無論內容是好是壞。

能在作夢時認出是夢以後，我們就要在白天認眞地訓練將觀想物（mental objects）魔術般地變現許多不同的境相，例如顯現所有寂靜本尊、喜悅本尊及忿怒本尊，還有各式各樣的衆生。正如在白天用觀想物來訓練一樣，晚上我們慢慢就能夠在夢中讓他們清晰地顯現出來。

進一步，我們要繼續以白天的觀想物來訓練：練習將本尊轉化爲龍族（*nagas*，蛇形眾生），將龍族轉化爲本尊；男性轉化爲女性，女性轉化爲男性；將大型物體變成小的，小的物體變成大的；白色變紅色，紅色變白色；一變成多，以及多個收攝爲一個等等。訓練之後，我們就同樣能夠在晚上的夢中清晰顯現白天的這些觀想。

對某一主題或對象的高度關注，會導致它在夢中出現。例如，如果你希望自己夢到一位西藏本尊，就想像自己轉化爲那個本尊，並強力專注於該本尊上。即便是普遍獲得清明夢覺知後，夢修的持續進展仍很高程度地仰賴於白天的活動。

瞭解了夢的眞實本性，你就可以加以轉化。例如，如果你夢到一條蛇，藉由認知你正在作夢，你應將蛇轉化成任何你喜歡的東西，譬如說一個人。因此，並不是夢控制了夢者，而是夢者控制著夢。當你能夠改變夢的時候，藉由進一步打亂夢中出現的事物，便可以發展此一能力：例如把在東邊的東西挪到西邊，增加或減少這些東西，將東西倒過來，將高處的東西放到低處，或把大的東西變成小的。這個過程不僅可以應用於形體，還可以用於感覺：比如你夢到快樂的事，將其轉化爲不快樂的事。有系統地顚覆所有事物，在這種刻意的轉化練習中，有些自發性的影像可能會升起。例如，如果你夢到自己在森林裡，你選擇將情境轉化爲一片沙漠，可能會出現某些事物跟你試圖投射的不一樣。當我們獲得進步並努力保持禪修覺知時，明性的體驗也會自發地升起。

上述階段之後，我們要繼續訓練想像旅遊到之前從未去過的各種地方，包括淨土。以這種訓練，我們就能夠在晚上作夢時出遊到這些地方。我們也可以想像與某些人見面，無論認識與否或以前知道的，並就我們感興趣的主題與他們進行各種形式的交談。這樣我們就可以前往所有淨土，見到很多上師和持明者。無論我們之前是否見過他們，從他們那裡獲得各種甚深教授和指導。以此方式付諸極大的勤奮認眞練習，我們就會迅速熟練夢修。

修習夢修重點的第三種方法，與認出夢的業力軌跡方法有關。假如你晚上大都是夢到你所慣常出現的地方或家裡，這是因爲這些夢大部分是由先前執著的業力軌跡所致。例如，夢中如果有太多過去或幼年的影像出現，或甚至是過去世的影像，我們就可以說這些夢是受心靈痕跡或經驗印記的影響。在這種情況下，轉化夢可能會有些困難。相反地，如果夢到過去的業力軌跡較少，要轉化夢則會非常容易。

如果一個人晚上的夢大部分都是關於目前的情況，那麼因爲可以分析夢的業力軌跡，就很容易轉化夢境。在這種情況下，也有可能甚至在三、四天之內就能訓練嫻熟。

如果夢以旅遊至陌生地點或見到不熟悉的人爲主，就可能很難終結作夢或說消除這種「作夢狀態」，這種類型的夢使得斷除夢較爲困難。同樣地，如果我們夢到的是上述三方面的混合，也就是說，由於先前日有所思的執著，加上與現況及不熟悉的人物混在一起，這被稱爲「三種業力軌跡的綜合」。在這種情況下，要全面地斷除夢是極其困難的，這亦說明了超越「作夢狀態」的過程會很長且極爲不易。如果有阻礙我們最終克服夢境的障礙，我們就必須要更加精進地修習。

如何修習「夢之精要」的第二部分，說明了夢中行動的要點，共分爲八個部分，包括訓練、轉化、消融、攪亂、穩固、精煉、持守和逆轉夢境的方法。

訓練

瞭解了夢的性質後，在白天，我們要將前一晚夢中出現的一切，都轉化爲各種觀想境，以此來訓練我們的心：所有外在的顯現都不是眞實的，由此直接看正在從事這項訓練的我們的眞實本性。很重要的是，不管顯現什麼，都要使這些顯現處於其赤裸的本質，超越任何來源或根基。

我們認清了不管顯現什麼，都是我們的自顯現，是沒有參考點、沒有存在、沒有基礎，也沒有本體的。以這種「專注一境」的方式持續訓練，我們便會慢慢熟悉這個修習，無論什麼具體現象出現，都只不過是幻象、自我升起的夢、業力和業力軌跡的虛妄景象，以及妄想的執著，所有這些都會消融在其自性之中。

同樣地，在夜晚的夢境中，我們不要爲夢所分心而遠離這種狀態，如此無論晝夜，我們即與「眞實狀態之輪」（the chakra of the real condition）永不分開。

轉化

第二個行動是轉化夢境的方法，分為兩個部分。首先，是將夢轉化為顯現之要點。基於此目的，在白天使用一面鏡子作為輔助，訓練將一個反射轉化為另外一個反射。例如，將所有的顯現轉化為聖尊等。這個練習會幫助你晚上轉化夢境，漸漸地，你的轉化能力就會變得越來越精巧。例如，藉由一開始時在「作夢狀態」將夢中事物轉化為動物，我們便會發覺自己具備轉化的能力，可以將任何顯現轉化為本尊壇城、淨土、幻相八喻等。

其次，是將夢境轉化為空性之要點。當我們漸趨精通「作夢狀態」時，下一個主要技巧即是混合白天景象與夢境。我們必須時常地將覺知帶入夢中，只要有夢升起，立即覺知到這是不眞實的；我們也必須要將同樣的認知，帶入日常生活的景象之中。

當我們發展對夢本性的覺知時，亦可利用夢來加深我們的禪修覺知。例如，一位洞察（現象存在）景象本性的禪修者，發現其本性是空，這個對「相」之空性的覺察即能轉移到夢中。當作夢時，如果你不只覺知到你正在作夢，而且意識到所有「相」都是幻象，那麼你就洞悉了「空」的眞諦。因此，一個夢就能轉化爲對空性的經驗。

當我們穩定地禪修，白天存在事物的虛妄顯現立即就會化爲空性，就像雲彩消失於天空或煙霧消散在空中，這份轉化在「作夢狀態」也會繼續存在，你即能在夢中顯示超越思想的空性。繼續以此覺知練習來訓練心，直到了悟外在的顯現都是不眞實的，讓所有的顯現都呈現其赤裸本性，超越來源、參考點或根基。

消融

下一個行動是消融夢境的方法。在白天，我們不會認爲夢的顯現是眞實的，就如同晚上作夢時，我們是清明的一樣。儘管對夢眞實本性的覺察可以加強我們的禪修覺知，但也同樣具有危險性：即一旦我們具有轉化夢境的能力，便可能會對此執著，這種執著必須要加以克服。所以，我們要對訓練和轉化所獲得的能力沒有任何驕傲，藉由認清所有這些升起皆爲不眞實和非實質，來斬斷執著。

斬斷對夢經驗的執著，主要方法有三種。第一，在白天不要耽溺於所作的夢。第二，當正在作夢時要不加評斷地觀察，不帶有喜悅或恐懼，無論夢中景象看起來是正面或負面，都可能讓我們覺得愉快與否，而這就是執著。第三，在作夢時或醒來後，不要去釐清「客體」中的「主體」；也就是說，不要去考量出現的哪個影像是眞實的。以這些方法執行下去，你會發現複雜的夢正逐漸簡化、明亮起來，最終可能會完全消失。因此，所有侷限獲得了解脫，此時夢就會停止。於外在，我們的覺知不會執著於顯現；於內在，我們的明覺（instant presence）不會執著於直接顯現的反射。不被涉及顯現和心的二元性概念所侷限，完全超越了主客，我們在本自光明之本覺的廣袤燦然深處放鬆，沒有任何造作。

練習的過程中，一開始會出現粗糙的夢，之後是精微的夢，然後夢的痕跡會被淡化，接著夢會越來越精微，直到最後沒有夢。到了無夢的階段，即便睡眠，我們的感官也會感受到宛如白天景象般生動的顯現。藉由將睡眠和淨光結合在一起，我們即會安住於超越對顯相執著的境界。

攪亂

接下來說明攪亂夢境的方法。「攪亂夢境」意指以夢的能量來從事，於特定時刻將東方的顯現轉變到西方，並將西方的顯現轉變到東方。同樣地，藉由訓練，將所有能被感知到的不同種類之事物，如將快樂轉爲憂傷、非概念性的轉爲概念、概念轉爲非概念之事物等，攪亂其成爲不明確狀態，我們便容易嫻熟於攪亂夢境。同樣藉由將位於四、五個脈輪的氣與心之組構攪亂成不明確狀態，我們會更快地成爲攪亂夢境的能手。

穩固

穩固夢境的方法，其要點解釋如下：穩固意指「完全地建立」。當身體按照男女性別採對應邊獅子臥睡姿時，氣脈即穩固下來。藉由觀想喉間一個紅色發光的ཨ，心也穩固下來。當我們入睡時沒有因其他念頭而分心，夢就穩固了。接著，儘管我們睡著了，若不落入受制於二元思慮的力量——如夢經驗中的顯現面或意識面，我們便可赤裸地注視經驗的最本質，而不爲執著之鏈所綁縛。在那個直觀的當刻，認出了赤裸解脫的確切狀態，我們就建立起了穩固性。

精煉

讓清明夢顯現的特殊技巧是，睡覺時於喉嚨中央觀想字母ཨ，在控制氣脈的同時，在這種精神狀態或境界中入睡。

在那時，所有的顯現都與領悟狀態融合，我們對在無盡的連續中平等出現的所有夢顯現和白天經驗，不散亂地修習「升起即解脫」。

持守

接下來的行動，即持守夢境的方法，是針對所有夢非常珍貴的口傳教示。爲了進入氣的明點之網，我們採獅子臥姿緩慢地呼出氣，接著以鼻子吸氣時，想像整個宇宙——輪迴和涅槃經由鼻子融入心輪。持守這個氣於體內，然後於腦中觀想藏文字母ཧཾ（HAM），由它降下很多明點，一切顯現自在地融入於大樂之中。

我們觀想本覺的本初狀態如一個五色明點中明亮發光的白色ཨ，就像是在我們心間一面鏡子中的美麗反射。我們心如一境，長時間持守於全然的狀態中，在此狀態下，我們修習夢的非眞實，夢升起即解脫。

逆轉

最後是逆轉夢境的方法。我們專注於喉輪中央有類似帳篷的空間裡，有一個清晰的紅色ཨ，我們將氣和光明能量持於喉輪入睡。以這種方式，所有顯現都由心輪翻轉上升至喉輪。於此同時，不聚焦在任何事物上，我們即進入本初的層面，亦即廣袤無垠的自然本俱狀態。安住於空性的本初純淨中，所有顯現都超越概念而進入眞實的狀態，白天的景象、夢境，以及見地和禪修，全都獲得自在。

當經驗到這點時，儘管對修行者的比較標準並不完備，但高等精進者能夠停止夢的持續，中等精進者能夠很快地消融夢，而那些較不勤奮的人，在將所有夢轉化爲好的業力習性時，最終也能停止夢的持續。

這些修行者一開始會作很多夢，有些非常清晰。藉由修習，漸漸地，夢會減少；那些高等精進者，夢會越來越微細和淡化，那些中等精進者從一開始，夢就非常清晰；而那些較不勤奮的人，起初夢是晦暗不清的，但也會逐漸清楚明亮。

在這個過程中，我們首先發展夢中清明的能力；中間階段則發展將夢轉爲具有正面業傾向的能力；在後面的階段，當睡眠已無法與淨光區分時，所有的夢融入淨光中，修行者即停止作夢，此階段稱爲「夢融入淨光」。

註釋

1. 根本密續《聲應成續》（*Dra Thalgyur*）中說：「要修習『夢之精要』有兩件事：首先該做什麼，以及建立其要點。而首先要做的事即是訓練身、口、意，根據其成熟的徵兆，我們會開始覺察夢、控制夢，並認出業力習性。」

2. 持氣（kumbhaka）是指以一種特定的方式持住呼吸，幫助將內在風息推入中脈。關於這種呼吸的指導，是幻輪瑜伽系統的部分內容。

3. 專注於六種子字及其淨化法：這六個種子字：*A SU NRI TRI PRE DU*，分別爲六道的象徵。六道包括天、阿修羅、人、畜牲、餓鬼和地獄的眾生。基於業力習氣轉生於六道輪迴之一，而六道（是無明心的六個主要狀態）源自不良的行爲，必須要淨化。禪修六種子字可讓氣與心的專注力結合，從而淨化這些習性。專注於六種子字的特定修法，在身體的特定部位觀想種子字和咒語，這些部位被認爲是習氣集中的地方。

104

台北市中山區民生東路二段141號5樓

城邦文化事業股份有限公司

橡樹林出版事業部 收

廣告回函

北區郵政管理局登記證

北台字第10158號

免 貼 郵 票

姓名：

地址：（郵遞區號） 市／縣 鄉／鎮／市區

路／街 段 巷 弄 號 樓／室

橡樹林出版●讀者服務卡

感謝您對橡樹林出版社之支持，請將您的建議提供給我們參考與改進；請別忘了給我們一些鼓勵，我們會更加努力，出版好書與你結緣。

Yes！■我希望收到橡樹林出版之相關書訊。（□尚不需要書訊，謝謝！）

■您此次購書書名：

■您的電子郵件信箱 E-mail：

■性別：□1.男 □2.女　　■生日：西元　　年　　月　　日

■教育程度：□1.碩士及以上□2.大學大專□3.高中職□4.國中及以下

■宗教信仰：□1.皈依佛教徒□2.受洗基督教/天主教徒□3.對佛教有好感但尚未皈依□4.對基督教/天主教有好感但尚未受洗□5.道教□6.尚無特定信仰□7.其他：

■職業：□1.學生□2.軍公教□3.服務□4.金融□5.製造□6.資訊□7.傳播□8.自由業□9.農漁牧□10.家管□11.退休□12.其他：

■您從何處得知本書消息？□1.書店□2.網路□3.書訊□4.報紙雜誌□5.廣播電視□6.道場□7.讀書會□8.他人推薦□9.圖書館□10.其他：

■您通常以何種方式購書？

□1.書店□2.網路□3.書訊郵購□4.展覽會場□5.其他

■是否曾經買過橡樹林的出版品？□1.沒有

□2.有，書名：

■您會選擇本書是因為：(可複選)

□1.主題□2.作者□3.書名□4.他人介紹□5.他人贈送

□6.其他：

■您希望我們未來加強出版哪一種主題的書？(可複選)

□ 1.佛法生活應用□2.教理□3.實修法門介紹□4.大師開示

□ 6.大師傳記□7.佛教圖解百科

□8.其他：

■其他建議：

4
幻　身

以下是禪修的第三部分，斬斷對夢執著的說明：修習幻身[1]精要的方法。

要發展幻身，必須具有夢修法的經驗，且要延續到白天。因為一切所見以及所有外在和內在的現象，它們的升起就像是一面鏡子中各式各樣的反射，只不過是虛空中的光明顯現，不具備內在自性，所以不應認為有什麼是真實存在的。藉由不散亂地致力於認知所有無生命和有生命的現象，都是幻相和反射的顯現，如此禪修：不論顯現什麼，皆為幻相或反射。

特別是如同在鏡中升起的每一個反射，無論穿戴衣飾珠寶、讚揚稱頌或口出不悅之事等，都只是在鏡中升起的各種形象而已，不能產生任何利益或危害。最終，我們即能夠確切體驗到沒有任何事物是真實存在的；同樣地，我們也可瞭解到自己和他人、敵人和朋友、食物和衣服、愜意和不快、喜悅和悲傷、貪愛和厭惡，任何輪迴或涅槃的現象升起、任何感知、任何顯現，在其顯現的當下都不具本質，就像鏡中的反射一般。由此，虛妄顯現的非眞實和幻相的本性，在我們生命之流中臻於完美，我們就會體驗到我們的身體爲幻身，並且會毫無困難地認證中陰幻身。

夜晚時分，也要瞭解所有的顯現都是夢境，因爲我們堅持不懈地修習以了悟宇宙中所有無生命和有生命的現象，其性質都是幻相或夢境，都是生死的虛妄顯現，所以無論否定或肯定，其本身也被視爲夢幻。也就是說，當我們能夠在夢中證實這點時，即能破除對任何顯現現象的執著。

在白天與晚上都如此修習，當不再執持虛妄的顯現爲眞實時，我們的身體也顯現爲非物質的形影，我們能夠看見它的非實存。我們的身體不會投下影子，我們便能夠認出中陰裡的幻身，並會在將來投生到更好的境界中。

註釋

1. 根本密續《聲應成續》中說：「我們以幻身夢來修習，當圓滿時，我們的肉身即如影般顯現。由此，中陰身被認證爲我們自身。」

5
淨光精要修持

原文版編者按：當某特定修習有指定的時間時，如「黃昏」或「午夜」，必須瞭解這與個人睡眠週期有關，而非一天當中確切的時間。例如，當我們被告知要在黃昏修習時，應理解成要在睡前進行；這項修習並非僅限於傍晚時刻。

淨光修法與劃分一天四時的時刻有關，包括白天、傍晚、午夜和清晨。

日間修法的說明包括禪觀和下座後的修習。這裡講的是日間禪觀的修習方法。在舒適的座處盤腿坐好，目不轉睛地凝視天空一會兒，之後我們的意識會變得清晰而清明。放低視線，平視前方，會升起一種清新的禪修體驗。當我們確認這個體驗並在此狀態下放鬆時，明覺以其明性的面向顯露，就像內自光明的空間一樣，其稱爲「明性淨光」。當我們熟悉了這個狀態，就會體驗到明性淨光，感知經驗和心意升起的顯現都在此淨光的本空中融合，其超越概念也不曾間斷。

根據當時情況，體驗中有時會出現這樣的念頭：「我存在於天空之中」，或「我的身、心很清楚地分開了」。那時，會有無數的事物顯現，如彩虹光、明點，以及本尊的淨觀，這是五氣之明性的本俱光明，稱為「外顯淨光」。

藉由外顯的淨光，我們能清楚看到自己體內的原子和器官，我們能具有靈視，這類似於看見白天和晚上、他人的身體內部、淨土、居於村落之眾生所做的事，以及垂死與轉生中的眾生。

為了將睡眠融攝於禪觀中，輕輕持氣[1]，採獅子臥姿[2]，專注於心間發光的五色球體入睡而不閉上眼睛[3]。當外在的顯現慢慢消退後，在睡眠和作夢之間那個可以認出淨光的期間，存在著燦爛的非概念意識，在這種超越無意識昏迷的境界中入睡，睡眠即以淨光升起。

此外，沒有夢升起，在禪觀狀態中，意識自然清明。當我們眞的睡著，可以持續覺知四周的形體、聲音和氣味，也因此如果我們缺乏經驗，就可能會從這樣的睡眠中醒來。除了停止對白晝的顯現作判斷之外，還會有顯相面的自然明性。

此外，隨著六根中心意識的停止，五種感知意識的明性卻並未中斷。當意識融入淨光之中，氣就會進入中脈[4]。因為這五種感知意識是非概念的，不會對顯現執著，此稱為「超越概念之明性淨光」。

此時，伴隨覺受淨光之禪觀狀態的存在，以及明性淨光之持續顯現的存在，此超越概念的淨光，自然存在於超越散亂的狀態中。因此，當「自然地」（the natural ground）之淨光超越二元，與本初清淨層面「子」之自然清明結合時，更深的明性即在本初明性中展現，此名為「融攝母子之淨光」（the clear light which integrates mother and child[5]）。

很自然地，覺受淨光顯而易見，住於與自生喜樂的結合中。當禪觀在任何時候都完全融入到日與夜的生活時，明性淨光就會顯現：當形成概念的心意活動自然消融時，超越概念的淨光就會存在。在上述情況下，如此模式已很清楚，可以很容易瞭解其意涵。儘管其他時候淨光也存在，卻很難辨認出來。

當覺受淨光不可分離地住於禪觀之中時，顯現就會帶來無限至樂的體驗。明性淨光的經驗包括下列顯現：煙、海市蜃樓、光芒、霧、閃電、五色光、明點、聖衆、有情衆生，以及直接看到衆淨土。我們可以透視粗糙實體，如建築或山，也會具有穿透像建築和圍牆這樣的能力。我們也許會具有千里眼和各種超凡的知識。

超越概念之明性淨光完全與日夜的禪觀融合，當見到任何顯現時，這些顯現會在無概念中消融。無論說了什麼都沒有分別，隨即消融於無概念中，各種體驗的顯現都像是一直安住於虛空中的感受。

下面介紹的是日間的座下禪修。「座下」是指從禪修中出來。當我們從禪修狀態出來時，外部的顯現是五光的幻相。有情衆生、果樹、元素，無論顯現什麼，看起來都如此清楚顯明，儘管這些只是像水中月般並不真實存在；它們被看做具有八種幻相的本質，也像虛空一般自然本空。我們體驗並融攝這些顯現，在一種超越概念的狀態中訓練，對這些空性明性的顯現沒有任何執著。

以下是如何在晚上收攝感官於根本點的方法：盤腿而坐，觀想中脈一連串堆疊的白色ཨ字，由最低點一直上到梵穴。所有這些ཨ字逐漸由下到上一個融入另一個，最後全都融入頭頂小洞裡所觀想的一個白色ཨ。最後，這個ཨ也消融於天空中。此時我們放鬆，在這種狀態下讓心放空。

以下是關於「午夜置物入瓶」的方法：以獅子臥姿躺下，觀想心間一盞五色光燈，或觀想五色明點中一個發光的白色ཨ，在這種狀態中放鬆，然後入睡。

以下是黎明時顯露智慧的方法：如獅子般凝眸不動地直視前方，在距離頭部約一箭遠的空中，集中注意力觀想一個懸浮的白色ཨ。

首先，我們專注於這個發光的ཨ，然後在這種狀態中放鬆，以使ཨ字沒入其自己的本性中。儘管沒有思想的運作，一種清明的明性仍然會顯現，就於這種禪觀的狀態中放鬆。

根本密續《聲應成續》總結淨光修法：

修行者於外在四時以身修持，關鍵在於將氣脈持於其源頭。修行者於內在四時以語修持，要點在於斬斷言辭之河。修行者於祕密四時以心修持，重點是要熟知睡眠。在整合身、語、意之後，於根本狀態的四時，將淨光完全融攝於睡眠。對這些熟練之後，修行者，你們即可獲得各種佛身的統合！

註釋

1. 有關輕輕持氣方法的解釋，見南開諾布仁波切《妙善寶瓶：大圓滿同修會基礎教義》（*The Precious Vase: Instructions on the Base of Santi Maha Sangha*）（Arcidosso, Italy: Shang Shumg Edizioni, 1999）section 3.2.7.3, p.51。
2. 「獅子臥姿」是指男性右側臥，讓身體左側自由；女性左側臥，讓身體右側自由。
3. 在入睡前，修行者敞開所有感官進入禪觀狀態。
4. 中脈的四個特質是：筆直如香蕉樹幹，調柔如蓮花花瓣，湛藍如無雲晴空，光明如芝麻油燈。另一個令氣入中脈的方法，描述於《妙善寶瓶》，p.280, n.321。
5. 「母」（mother）涉及修行者超越所有參考點的經驗；「子」（child）則指修行者仍爲業力所限的肉身經驗。

6

明性之夢

從早年起，南開諾布仁波切就已具有卓越的作夢能力。以下三個夢是經過他允許後，摘自他的私人檔案，作為闡釋「作夢狀態」之明性的超凡案例。

夢境一

在我八歲時，一九四六年、藏曆火狗年十二月，受到我的舅舅欽哲仁波切吉紮土登卻吉江措（Khyentrul Rinpoche Jigdral Thubten Chökyi Gyatso），又被稱爲蔣揚卻吉旺楚（Jamyang Chökyi Wangchug）和帕沃黑喀林巴（Pawo Heka Lingpa）的邀請，我出發前往德格的竹空嘎林（Zulkhog Galing）。在珠傑喇嘛仁波切更噶巴登（Drubje Lama Rinpoche Kunga Palden）的面前，我接受了智慧見解脫（Yeshe Thongdrol）[1]、普賢密意集[2]（Kunzang Gongdü of Padling）的灌頂和教授，以及遍知龍欽繞絳巴尊者[3]的大圓滿三自解脫；從我仁波切舅舅那裡，我還接受了寧瑪派的傳承。在此期間，有一晚我作了以下的夢：

欽哲仁波切舅舅和他的弟子昆藏朗珠（Kunzang Rangdrol）瑜伽士、多登千帕鄧達（Togden Champa Tendar），還有我，師徒一行正在山坡上一片長著各式樹種的茂密森林中向上爬。過了一陣子，我們走向一棟面東的房子，有各種優美的設計裝飾，大門像是某種發光彩虹的形狀。不久，我們便來到離這個令人喜愛的大門不遠處。

那時欽哲仁波切舅舅對我們說：「遍知龍欽繞絳巴尊者就住在這棟大房子的樓上，我們去見他吧。」我們跟著仁波切來到房子門前，然後慢慢走進去。在台階的左右兩側和屋子的前廊，有些半裸的少女，局部飾以各式各樣美麗的絲質衣著、珍貴珠寶和骨頭飾品，臉上的表情帶著欲望的沉醉。其中一些人有著橘紅色的頭髮，其他人則是閃亮的黑髮蓬鬆地垂下，她們正以不同的方式四處走動。當她們看到我們時，表現出喜悅和敬畏，大拇指和食指相觸、兩手相合。她們以兩個外伸的中指指尖相觸、兩個無名指和小指向外伸直，做出一個手印。欽哲仁波切舅舅也以手印——大拇指和食指像個手鐲般相連，中指、無名指和小指都向外伸直，像一隻飛翔的小鳥，來回應她們。

正當我想問欽哲仁波切舅舅「這些手印是什麼意思？」時，我們到了樓下的門前。這是一個富麗堂皇的前廳，以不同的擺設裝飾得美輪美奐。大廳中央離地一英呎半處有一座紅色三角形供壇，三角形供壇頂部是一個綠色半月型壇，彎弧開口處朝著門；半月型壇上面又有一個白色圓形壇。每個壇疊在另一個壇上，底下的壇面尺寸也較大，上面有很多不同種類的肉，包括人肉，以及各種不同的食物。正中央是製作好的朵瑪供養，非常莊嚴而高聳地面對著門。

那個供壇周圍，有許多離地約十五英吋的三層三角形平台造型，上面有很多雙運合抱（in sexual embrace）的瑜伽士和瑜伽女。他們的長相顯示有藏人和印度人的血統，正唱誦著「阿火瑪哈蘇卡火」（*a ho ma ha su kha ho*[4]）的旋律。

我一看到這些瑜伽士和瑜伽女就感到很尷尬，不好意思再詳細檢視他們。我當時的尷尬，讓我覺得好像身上的毛髮都豎了起來。

我們師徒一行進入接待大廳，向右繞行這個團體慢慢往前走。突然，欽哲仁波切舅舅開始唱誦一首旋律異常優美的歌，是我從來沒有聽過的。他唱著這首金剛歌 *kol la i re ti am bho la*，就好像他是這個團體的主唱。他一路走下去，手上做著各種舞蹈動作。包括那個團體的所有瑜伽士和瑜伽女，還有為數眾多穿戴絲綢和骨飾的半裸少女們，以及許多男女侍眾，都開始一邊搖擺著舞姿、一邊彈奏著各式樂器。有些樂器是我以前看過也聽過的，有些我則沒見過。他們和欽哲仁波切舅舅一起合唱，眾口一聲地唱著同樣旋律的金剛歌 *kol la i re ti*。這首歌以 *din di ma ta hi na badza dzi a i* 結尾後又再次重複。像之前一樣，整個團體重複這段美麗的韻律「阿火瑪哈蘇卡火」許多次。

片刻之後，穿戴絲綢和骨飾的半裸少女們開始將薈供品，逐一分給那些瑜伽士和瑜伽女。

我們來到那個巨大的朵瑪供養前，一位有著閃亮發光的藍髮並骨飾莊嚴的少女，以右手為欽哲仁波切舅舅奉上滿滿一顱器薈供酒，左手則奉上盛滿顱器的薈供品。她以優美的旋律唱著這樣一首歌：

眼見這裡的一切盡皆美麗，聚集於此的人皆無疑慮；以如此的知識盡情享受——婆羅門、流浪者、狗和豬，都具有同樣的本性。

欽哲仁波切舅舅做出蓮花手印後，以右手接下薈供品，以左手接下薈供酒，同時唸誦「阿啦啦火」（*a la la ho*）。三名少女也為我們三個人奉上薈供品和薈供酒，我們模仿仁波切舅舅那樣接了過來。

當我們正享用這些薈供品時，我注意到在我顱器中的薈供品裡，有一小塊還帶著指甲的人類食指。我一看到這個，有點反胃，就無法再享用薈供品了。我要仁波切看看這個人類食指，並說：「仁波切，請看這個，這不是一根人的食指嗎？」

欽哲仁波切舅舅只是微笑著回答道：「我們剛才收下空行母給的薈供品時，你不明白那首歌的意思嗎？」我曾經讀過薈供品的歌很多次，儘管歌詞浮上心頭，但直到現在仍未有機會想想歌詞的意思。儘管我立即想了一下那些歌詞的意義，但還是不能準確地理解其涵義。我想起其他幾次，當我跟多登仁波切[5]一起做薈供時，多登仁波切對我說：「非常重要而必須的是，要享受每樣東西。無論有什麼，皆不要有好與壞的分別。」在我瞭解他那幾次所說的意思後，我吃了一些薈供品。儘管我喝了所有的薈供酒，但還是拒絕去吃那個人類食指。

當我們享受薈供品時，在我們面前一個約一英呎半的台子上，有一位留著非常長而黑並結著髮辮、身體近乎全裸僅著許多骨飾的瑜伽士，他採取站姿，正在與一位同樣骨飾莊嚴的裸體瑜伽女交合。佛父（*yab*）正爲佛母（*yum*）奉上薈供品，而佛母也正給佛父奉上薈供酒，保持像這樣，這對佛父母（*yab yum*）將臉轉向仁波切舅舅。他們微笑著而且很快樂，佛父的薈供品交到佛母的右手，佛母的薈供酒則交到佛父的左手，然後佛父的右手和佛母的左手都於心間做出手印：大拇指和食指相觸。欽哲仁波切舅舅也以手印回應：雙手置於心間，大拇指和食指相觸。

我問欽哲仁波切舅舅：「這兩位佛父母修行者是誰呀？」欽哲仁波切舅舅回答

道：「這兩位修行者是阿達・娘・讓[6]佛父母。」當他說這個時，我們三個人都充滿了虔敬，模仿仁波切做出手印。

隨後舅舅到二樓去，我們跟在他後面，從東門進入接待大廳。這座八邊形的豪華接待大廳在東、南、西側各有一個門，大廳裡有一種寧靜的氛圍。大廳的牆是彩虹色，鑲著透明彩色玻璃的窗戶，大廳中央「光之明點」帳篷裡有一位瑜伽士，穿著白色的衣服，長髮在頭上束成冠狀。在我很小的時候，多登仁波切叔叔給了我一張很小的持明吉美林巴的畫像，這個畫像曾經是阿宗珠巴仁波切（Adzom Drugpa Rinpoche）的一個修法所依物。這位瑜伽士的身形和衣著，在各方面都與這張畫像非常相像。

在這個大明點帳篷周圍有許多不同種類的人，例如穿著密乘服裝的瑜伽士和瑜伽女、僅著骨飾的裸體者、像是侍從的男女、穿著我不熟悉的衣服款式的人，還有穿著普通衣著的男女，所有這些人當中，也有許多穿著出家人衣著的男女。

當我們進入接待大廳時，那裡的每個人一起合唱一首非常優美的曲調「哈哈夏薩瑪」（*ha ha sha sa ma*[7]）。這幾個字母被反覆唱誦了一遍又一遍。在我們進來後，欽哲仁波切舅舅也開始跟著他們一起唱，並按順時針方向繞行前廳，我們也模仿仁波切跟著走。最後，我們師徒一行完成了內圈的轉經道，再度回到東門的位置。

那時，欽哲仁波切舅舅定睛看著明點帳篷中的瑜伽士很短的片刻，雙手於心間合十。坐在明點帳篷中的瑜伽士也直視著仁波切，臉上帶著微笑，他以雙手做出手印：兩個大拇指接觸兩個食指，兩個伸出的中指指尖相碰，無名指和小指分開向外伸出。當他目光放鬆地凝視前方虛空時，一位穿著骨飾的少女走過來，她的心間有個清澈、光滑、如拇指般大的銀色鏡子，鏡子中心是*ca*，這是一個金色的象徵字母。她請仁波切舅舅坐到明點帳篷前一個座位上，仁波切舅舅立即走過去坐了下來，我則跟著仁波切過去坐在他左邊的座位上。仁波切舅舅剛剛坐下，那位坐在明點帳篷裡的瑜伽士便兩手拇指和其他手指相扣，中指、無名指和小指打開，接著把手放在膝蓋上。瑜伽士愉快地微笑著，以非常優美的旋律唱著金剛歌「唉瑪克瑞克瑞」（*e ma ki ri ki ri*[8]）。由於他是以一種細微柔和的聲音緩慢地唱著，在那裡的每個人最終都以同一旋律的歌聲加入合唱，直到最後的「啦啦啦」（*ra ra ra*）。

所有那段時間，我猶如新生兒般沒有任何念頭，像個啞巴似的不能言語。我的身體略微顫抖和悸動，處於「哈德瓦」（*hadewa*）的狀態中，無從描述我的感覺。在歌的最後「啦啦啦」，每個接續的「啦」被整個團體和諧一致地越唱越響亮，當最後一個「啦」被喊唱出來，比一千個同時的響雷還更加有力。在這種情況下，我醒了過來。

這是我第一次聽到「金剛歌」，從那次之後，我一直記憶猶新。這首歌總是清晰地在我腦海中響起，有時我會自發地聽到那美麗的韻律。

那天早上當我去見欽哲仁波切舅舅時，我向他詳盡地講述這個夢是如何顯現的。仁波切舅舅說：「這是進入這個傳承加持之流的一個殊勝徵兆。」他非常非常高興。他去拿來一個筆記本，記下我所講述的夢境。後來等我長大，他便將這個記錄交還給我，使我重新憶起。

我問仁波切舅舅：「這個咒語『唉瑪克瑞克瑞』是什麼？」我問了這個問題後，

他解釋說這是「金剛歌」，爲了與之有連結，他慈愛地給了我一個戴解脫（Liberation by Wearing）的簡單灌頂和教導。戴解脫係出自《上師密意總集》[9]。

之後我請求舅舅欽哲仁波切：「請教我金剛歌的旋律吧。」

仁波切舅舅回答說：「的確，金剛歌是有一個明確的旋律，但是我不知道這個。你在夢中聽到的旋律像什麼？你能唱一點這曲子嗎？」他一直像這樣堅持鼓勵我唱，當我重複我所記得的那一點點時，仁波切舅舅顯得非常高興。

仁波切舅舅說：「我聽說在阿宗噶（Adzomgar）有一種唱誦金剛歌的方式。你應該去問問珠可多登[10]，或許他知道。」

後來當我遇到多登仁波切時，就請求他告訴我在阿宗噶的金剛歌傳統曲調。多登仁波切說：「卡傑珠巴仁波切（Kyabje Drugpa Rinpoche）不時地會唱這首金剛歌，但我不知道這首歌在阿宗噶特定的曲調是怎麼唱的，除了珠巴仁波切自己會唱以外。但是我記得珠巴仁波切是這樣唱的。」說完之後，他唱了一點點那個曲調。在之後的一次會面中，我的根本上師蔣秋多傑[11]取出的伏藏《寂忿輪涅自解脫之戴解脫》（*Shitro*

Khorde Rangdrol Gyi Tagdrol）法本中所包含的金剛歌旋律，和多登仁波切唱的幾乎完全一樣。

之後我問仁波切舅舅：「你知道我在夢裡聽到的 *kol la i re ti* 的旋律嗎？」仁波切舅舅回答說：「是什麼樣的旋律？看看你能不能唱一點點。」我勇敢地唱出我能記得的一小段。仁波切舅舅說：「是的，就是這樣。有一次在混和夢與禪定經驗的一個境界中，我來到烏金國，見到偉大的持明者蔣巴謝年（即文殊友[12]），許多空行和空行母正在做薈供輪的供養，他們唱誦了這個優美的曲調 *kol la i re ti* 大概七次。還有一次一個夢裡在雜日提（Tsariti），另一次在戴威寇提[13]，我也參加了空行和空行母的薈供輪，我在許多場合和他們一起唱這首歌：*kol la i re ti*，曲調跟這個一樣，沒有任何改變。毫無疑問地，你肯定也在類似烏金國這樣的特殊地點見到了空行和空行母，真是太好了！」他非常高興。

我問仁波切舅舅說：「無論如何，請教我你所知道的 *kol la i re ti* 旋律。」我非常堅持。仁波切舅舅答應說：「我不確定也不知道確實的旋律是什麼，但如你所願，我們兩個可以一起悄悄練習我知道的那部分。」之後，在我十二歲時，於藏曆鐵虎年春天的第一個月，我和叔叔一起在堪節古（Kham Kyegu）的鞍部區旅行，仁波切舅舅慈愛地和我一起練習 *kol la i re ti* 的旋律，還有一些連帶的特殊祕密教導。

夢境二

當我十五歲時，一九五三年、藏曆水蛇年閏五月的第二個月中旬，我在多康德格綽考地區的嘉哦日綽（Gyawo Ritrod）閉關。在「第二十五日」（空行母日），當時我正接受欽哲仁波切舅舅《四心滴》（*Dzogchen Nyingthig Yazhi*[14]）的灌頂和教導，晚上我們師徒一起做了一次空行寧體[15]的長薈供。我在清晨時作了一個夢。

那時我在嘉哦日綽一個巨大的洞穴中，突然一位戴著珠寶裝飾的美麗少女從洞口進來，我想她也許是那位綠空行母（在我之前的一個夢裡，當我看到五空行母時，她就站在吉祥天女的右側）。她給了我一個非常小的黃色卷軸，用輕柔甜美的聲音說：「吉祥天女給你這個。」

我非常驚訝，迅速用左手接過這個黃色卷軸，然後問道：「你是誰？」但是這個少女消失了。我立刻打開小小的黃色卷軸仔細看。卷軸上什麼都沒有，只有三個字，跟藏文鄔千體[16] *a*、*hu*、*ma* 很相似，以朱紅色書寫。此時，我想到一位寧瑪派伏藏師告訴我的，那是當我在森城南珠[17]作的一個夢中遇到他。根據他所解釋的，我瞭解到伏藏文字或多或少是由象徵文字顯現而來。我立即開始祈請一髻佛母，當我看著黃色卷軸上的三個字時，從這三個字放射出無盡的光芒。儘管似乎像有很多簇非常小的文字在一片光的金粉中，我除了認出是文字並讀了幾個以外，它們並沒有清晰顯現。我害怕失去這個卷軸，所以用左手握住，再用右手緊緊地握住左手，因爲我覺得有必要把它交給仁波切舅舅。我在這種狀況下醒來了。

當我醒來時，非常清晰地記得這個夢，並且注意到我的左手還是像夢裡那樣緊緊地握著。我打開左手看，能夠實際感覺到那個小卷軸的存在。但是由於天還沒亮，我又緊緊地把它握在左手，保持這個姿勢靜靜地等待黎明。天亮以後大概半個小時，我起床了。當晨光落在洞口的時候，我小心看著手裡的黃色卷軸，這是一個一指寬的透明卷軸，約四英吋長，上面以朱紅色寫著阿（*a*）、乎（*hu*）、瑪（*ma*）三個字。我立即穿上衣服，走到仁波切的洞門前去敲門。

仁波切說：「我都還沒有做完我的晨修法，你怎麼這麼早就來了？」我講完了這個故事後，便把那個黃色小卷軸放到他手裡。他仔細地檢查這小卷軸後說：「啊，多麼吉祥的緣起呀！去年我在來自拉龍巴卓（Lhalung Paldor）的金剛手雕像裡，看到一份伏藏的清單，其中就有這三個象徵文字。我已經等待這個黃色小卷軸的出現很久了，現在它能夠到你手中，真是太好了。」

他從背後的書架上取下一個法本，讓我看看裡面是怎麼寫的。關於這些拉龍桑丹（Lhalung Sangdag）的象徵文字會如何出現，其中有非常清晰的指示。接著我將這些象徵文字供養給仁波切，請求他給予我拉龍桑丹整個系列的教法，且得到他會教授給我的保證。

夢境三

我二十二歲時，一九六〇年、藏曆鐵鼠年四月初，我住在義大利格朗撒頌山附近一個宜人的旅館裡。有一天我獨自一人徒步去爬山，到達了一個很高的岩石懸崖頂上。我體驗著大圓滿竅訣「住心法」（Semdzin），稱為「阿修羅的爭鬥」[18]，約一小時的時間，之後，在我修習「南卡阿德」（凝視虛空[19]）時，一個發光的、碩大的眼睛，生動清晰地顯現在純淨天空的廣袤中。我直視著它，並在絕對平等性的狀態，亦即顯現與心不二之中放鬆。在這個眼睛的中央，一個類似於「蚌」（*bam*）字的金色、發光的象徵文字，清晰地照耀約一分鐘，然後這個境相就像彩虹般消融於天空中。我在清晨作了下面的夢。

我在多康德格靠近旺托羅雜（Wöntöd Lobdra[20]）的一個公園裡，正在閱讀毗瑪拉（即無垢友）對於《真實名經》（*Namasagiti*[21]）的註釋。我正想著當我去見上師欽饒俄色（Khyenrab Ödser[22]）仁波切時，如何請求這個註釋的解釋和指導。在那一刻，喇滎[23]佛學院的才旺朋措正朝我走來，我便問他：「我們兩個是否應該就毗瑪拉對《眞實名經》的釋論，去向上師仁波切請求解釋和指導呢？」

才旺說：「你不知道仁波切已經圓寂了嗎？」

我的反應是連忙問他：「我不知道這件事。他是什麼時候圓寂的？」

「上師仁波切五個月前就圓寂了。」

「他是在他學院的房子裡圓寂的嗎？」

「不是的，他是在德格宮千圓寂的。」[24]

然後我問：「仁波切上師的舍利在哪裡？」

「在德格宮千的某個地方，但我不確定到底在哪裡。」

我立即和他一起去學院裡找，但是除了禪修大殿的兩位年邁的苯托僧侶外，我們在學院裡沒有看到任何人。我問這兩位老僧：「學院裡其他學生都去了哪裡？」

其中一位僧人絕望地說：「我不能說他們去了這或那。他們都散了，就像小鳥被老鷹驅散。」

我問才旺朋措：「我們兩個可不可以去看看仁波切上師的舍利？」

他說：「沒問題，可以去。」

我說：「那麼我們現在就去吧。」

於是我們兩人徒步出發從苯托前往德格。一路上，我們經常會遇到漢人和穿著漢人衣服的藏人，有時我們就這樣從他們面前走過，沒有想太多，有時我們也會躲著。最後，我們到達德格宮千，那裡到處都是漢人和穿著漢人衣服的藏人。我們來到接近寺院邊緣的佛塔那裡，遇到一位老婦人。我問這位老婦人說：「你見過苯托堪仁波切欽饒（Böntöd Khen Rinpoche Khyenrab）嗎？」

她回答說：「我見過他，他是我的根本上師。」

然後我問：「他現在在哪裡？」

她笑著回答說：「我不知道他現在在哪裡，但是他的舍利在黑水。」[25]

我問她：「我們是上師的弟子，你是否能告訴我們如何才能見到他的舍利？」

她說：「嗯，你們必須在今天黃昏的時候來這裡。」

所以那晚直到黃昏，我們都躲在五方佛佛塔底層的最裡面，一到傍晚，我們立刻跟著這位老婦人前往黑水。我們來到了一個大圓石旁，那位老婦人到處看了看，然後說：「仁波切上師的舍利被安置在那裡，但是我不知道舍利是否被空行母帶到其他的空間，還是被狗吃了、或是被人偷走了。現在我們沒看到舍利，眞是讓人悲傷！」說完她便轉身回家了。

我們坐在大圓石旁邊，唱誦給上師的祈請文，之後，才旺朋措說：「我要調查一下上師的舍利是否就在附近。」說完就走開了。我坐在原地沒有動，藉由上師瑜伽，我保持在本初心與凡夫心的不二融合中。突然，我的正前方出現一位結著髮辮的黑衣女人，她身穿黑色衣服且令人反感。她問道：「你們是在找欽哲仁波切上師的舍利嗎？」

我回應道：「是的，但是舍利不在這裡。你知道在哪裡嗎？」

她說道：「因爲物質舍利融入五大元素的層面，現在不可能看到了。而五大元素之本質的非物質舍利，則在持明者與空行母們的偉大墓穴中。」

我又問她：「你是否能帶我前往這個持明者與空行母們的偉大墓穴呢？」

她說：「可以，現在走吧。」

我問道：「我要在這裡等一下，等才旺朋措回來。我們可不可以等他回來然後馬上出發呢？」

她說：「如果等到才旺朋措回來，我們就去不了了。如果你要去，我們必須現在就出發。」

此時，離我們不遠處，有幾個漢人和穿著漢人衣服的藏人正向我們走來，令我寒毛直豎，心生恐懼。然後，那個黑衣女人突然擊掌發出響聲，那裡一片黑暗，我什麼都看不到了。

這個女人對我說：「沒有必要感到害怕。」

我想著我是如何從那些漢人和穿著漢人衣服的藏人手裡被救出來的。在黑暗中，我感到高興，已無恐懼。過了一會兒，那個黑衣女人拉著我的手說：「現在來吧。」

我順著她帶領的方向走了一小段，我們經過了一道門並進到了裡面。那裡有一個華麗的院子，四扇門通向四個方向，景色愉悅迷人。我們走向離我們較近的那扇大門，到了門前，走了進去。裡面的廣場中央有一座非常高的佛塔，共有十三層平台階梯圍繞，閃耀著美麗光芒的金色尖頂，在所有這些台階上，一個接一個地排列著幾百個或大或小的證悟者之舍利塔。

那個黑衣女人說：「現在我們去第六層台階，堪欽饒俄色仁波切的舍利就放在那裡。」她立刻去到一個位置，佛塔的第六層就在她左邊，她用食指指著一個舍利塔說：「這個塔裡有堪欽饒俄色仁波切的舍利。」我們兩人來到這個舍利塔前，她爲我指示舍利塔的寶門所在，說道：「看這裡，在寶門後面就是欽饒俄色仁波切上師舍利的眞身。」我仔細看著這些。裡面是堪欽饒俄色仁波切的身體，大約有一指寬，他的身體像是五色光之純淨本質做成的，他的感官純淨而大放光明。他令人目眩的兩眼正看著我，但是他沒有說話。這就是我所看到的。

那個時候我感到非常悲傷，哭喊了起來：「上師仁波切，願你的慈悲永不停息地眷顧我。」我猛力祈請著。黑衣女人說：「你不該懷有那樣強烈的悲傷，堪欽饒俄色仁波切於不動禪觀（undistracted contemplation）中，以光明本質之身待上相當於人類的二十一年之後，將會重新轉世爲人，利益衆生，廣傳教義。」

我還想問更多的問題，像是：「他會在哪裡轉世？」但是一些嘈雜聲將我從睡夢中喚醒。

註釋

1. 智慧見解脫（Ye shes mthong grol）是一部由bsTan gnyis gling pa pad ma tshe dbang rgyal po（1480-1535）取出的伏藏。
2. 普賢密意集（Kun bzang dgongs’ dus）是由貝瑪林巴（Pad ma gling pa, 1450-1521）取出的伏藏。
3. 大圓滿三類自解脫（Rang grol skor gsum）是由龍欽巴尊者（1308-1363）撰寫的一套三部法本。
4. 該咒語於修行者將一切融攝入大樂時唸誦。
5. 多登烏金丹增，rTogs ldan o rgyan bstan’dzin（1893-1959），南開諾布仁波切的叔叔。
6. 阿達・娘・讓・尼瑪・沃瑟（mNga’ bdag nyang ral nyi ma’i ’od zer, 1124-1192）。
7. 這六個種子字代表著本初佛普賢王如來的六道。此六道的淨化，在大圓滿口訣部密續《普賢王如來六界吉祥續》中有解釋。

8. 用於禪修的金剛歌的一個版本，收錄於大圓滿口訣部密續《日月和合續》。

9. 《上師密意總集》（*Lama Gongdü*）是一整部教授，由桑吉林巴（Sangye Lingpa, Sangs rgyas gling pa, 1340-1396）取出。

10. Drokhe Togden：Gro khe tshang 是多登烏金丹增的姓。

11. 蔣秋多傑（Byang chub rdo rje, 1826-1961）。

12. 'Jam dpal bshes gnyen，蔣巴謝年或文殊友，是噶拉多傑的一位主要學生。

13. 戴威寇提（Dewikoti）位於南藏的一個聖地，是女神們居住的地方。

14. 此系列教授由龍欽繞絳巴部分撰寫並編輯。

15. 「四心滴」的一部分。

16. 鄔千體（uchen）是塊狀印刷文字。

17. 森城南珠（Sengchen Namdrag）是南開諾布仁波切在康區的閉關洞穴名，由秋吉林巴伏藏大師（mChog gyur gling pa，1829-1870）開建。

18. 喇嘛迎他佐吉巴（lHa ma yin' thabs rtsod' gyed pa）：見南開諾布仁波切《妙善寶瓶》，頁二四九（見 Chapter 5, n.1 above）。

19. Nam mkha' ar gtad，凝視虛空（sky gazing）。

20. 本陀夏瓦（dBon stod bshad' grwa）是南開諾布仁波切曾經修學過的一所佛學院。

21. mTshan brjod，〔文殊師利〕眞實名經（Reciting the Name [of Manjushri]）。

22. 欽饒秋吉俄色（Khyenrab Chokyi Odser），或稱堪仁波切欽饒秋吉俄色（mKhan rin po che mKhyen rab chos kyi' od zer，19011960），他在旺托羅雜給予南開諾布仁波切教導。

23. 喇榮，一座著名的寧瑪寺院，由珠旺巴丹曲嘉（Grub dbang dpal ldan chos rgyal）建於十二世紀。

24. 德格宮千，一座著名的寺院（中譯註：位於德格地區）。

25. 位於德格宮千附近的一個地名。

7

遷識的方法

關於如何修習遷轉（遷識）[1]之精要，包括三部分說明，分別針對高、中、低三種根器者有其適用的方法。

首先說明由淨光中遷轉之方法，是針對那些高等根器者。以此背景，當一位男性或女性修行者於自身確已證得了淨光，在死亡的那一刻，由其先前保任的淨光境界，本覺由梵穴而出，遷轉至本初存在之界（中譯按：法身界）。

其次是由幻身遷轉之方法，是針對那些中等根器者。在此情況下，男性或女性修行者對出自其心相續之幻身達至成就，在死亡的那一刻，由幻身的層面，本覺從梵穴射出，之後轉換為一眞實狀態的本尊形象，中陰幻身於是能被認證，因而獲得證悟。

第三部分則是由身和語遷轉之方法，是針對那些較低根器者，可由口訣部祕密教授之前行修法中瞭解。從身、語、意中遷轉，可總結為兩類基本原理：一類是物質遷轉，與脈、輪及相依而生之元素的作用相應；另一類是非物質遷轉，則與心意觀想[2]的能力相應。

註釋

1. 三種遷轉（transference）或頗瓦法，南開諾布仁波切完整解釋於*1982 Talks in OZ*, California（一九八八年個人出版），pp. 211-219。在他的《頗瓦法》（*The Phowa Practice*）中亦有說明。

在法身形式的遷轉法中（中譯按：法身頗瓦），最高等的修行者圓寂時處於禪觀狀態，所以沒有什麼可遷轉的；在報身形式的遷轉法中（中譯按：報身頗瓦），中等根器的修行者在臨終那一刻，轉化爲自己的主要本尊；在化身形式的遷轉法中（中譯按：化身頗瓦），較低等根器修行者在死亡時刻，將意識通過中脈由頭頂射出，遷轉至觀想的淨土。

2. 根本密續《聲應成續》中說：「有兩種『身—語』遷轉，即物質遷轉和非物質遷轉。物質遷轉是修『氣』的方法，透過聲、形、技巧，以及相依緣起的修習，我們可對個人的五大元素更加精通，藉由身、語、意的專注即可達成。而非物質遷轉則取決於心意的能力。」

8

瑪拉帝卡朝聖

一九八四年，南開諾布仁波切來到尼泊爾北部，前往妥魯（Tolu）的寺院和瑪拉帝卡[1]洞穴朝聖，這個洞穴是大成就者[2]蓮花生大士[3]與其佛母曼達拉娃[4]閉關的地點。以下是南開諾布仁波切在此行中一系列非凡夢境的記錄，在他到達寺院兩天後以一個夢境開始。

夢境的地點就在妥魯寺本地。如果你夢到的地點或事情，是你以前曾經去過的地方，這通常是藉由業力軌跡所反射的一種重複；如果你夢到的地方或情景，是你現在不在也從未經歷過的，這反映的是一個欲望或願望；另一方面，如果你夢到的地方是你實際所在之處，這經常會是一個重大意義的夢，因此我會依此推論：這可能會是重要的夢。

在這個夢裡，我在妥魯的山洞，甚至實際在旅途中一直陪伴我的人也在那裡。當我正在教授學生時，我的叔叔加入我們。我應該說，加入我們的這個人不僅是我的叔叔，還是我的一位主要上師，同時也是一位卓越的修行者和伏藏師[5]。

我要告訴你們一個小故事，來說明我叔叔非凡的一生。我小的時候住在一個寺院旁，我記得那時有一匹小馬死了，一些禿鷹來吃這匹小馬，但牠們吃完後，其中一隻禿鷹卻留在那裡。我的叔叔請兩位僧人去把這隻禿鷹捉回來。

當他們帶著那隻禿鷹回到寺院的時候，說那隻禿鷹受了傷，有一根鐵棒插在牠的翅膀上。其中一位僧人試圖要把鐵棒拔出來，但那隻禿鷹變得相當焦躁不安。我叔叔便指示這位僧人停下來，並把禿鷹放到圍起來的花園裡。我記得當時想著這多奇怪啊，發生這些狀況後，這隻禿鷹怎麼還能如此安靜和順從。事實上，整件事變得越來越不尋常。

隔天，我叔叔吩咐我去餵那隻禿鷹一些牛奶。當我到那個半圓形的花園，花園裡鋪著木地板，上面還蓋著一個毯子，那隻禿鷹一動也不動地坐著。我把牛奶放在牠面前，牠慢慢地轉過頭來喝。牠喝完我給的所有牛奶後，就開始跑，跑時還輕輕搧動翅膀。因爲這地方相當長，牠可以跑上一長段距離。牠一直跑到花園的盡頭，接著折回到半途，然後停下來，那個金屬——一根鐵棒，就從牠的翅膀上掉下來。就在鐵棒掉落的那一剎那，這隻禿鷹飛走了，向著東面一座叫悉唐的大山飛去，著名的佐欽寺[6]就在那座山的後面，我叔叔平常也是住在那座山上的一個洞穴中。

我們仔細檢查從禿鷹翅膀上掉下來的鐵棒，很長，頂端是三角形。我依然記得那根鐵棒從翅膀上掉落時發出的美妙聲音。這件事只是我叔叔身邊經常發生的奇異事件之一。

在妥魯的期間，我叔叔示現在我的夢中。在夢裡，他的年紀不超過十四、五歲。他對我說，很高興看到我在給予這麼好的教授，能夠利益所有人。我問他是否真的一直在聽，他回答說他聽到了我說的每一個字。我在妥魯教授的是 *Tsigsum Nedeg*[7]，是噶拉多傑[8]著名的「椎擊三要」。然後叔叔要我解釋關於南卡的意伏藏[9]，我回答說「南卡」[10]不是一個意伏藏。

讓我解釋這裡所指的意思。幾年前我在紐約市作一個講座，是關於諸大元素和能量的作用，同時還講述了西藏的歷史。在這個講座中，我根據古老的苯教傳統解釋了這些元素和其功能。那天晚上，我作了一個夢，夢裡有一個穿著藍色衣服的小男孩。

我問他是誰，他回答說他的名字叫普沃[11]。普沃是一位著名的苯教本尊，特別以透過星相來占卜的能力而聞名。

我說：「如果你眞的是普沃，那麼爲我解釋每個人元素的作用，以及我們如何在有問題時協調這些元素。」然後這個小孩開始解釋這些元素不同種類的功能，攸關身體、生命、運勢、能力等。藉此我發現「南卡」（協調一個人元素的方法）精確的原理。

我前面說「南卡」不是一個意伏藏，只是那個夢的結果，而我的叔叔則堅持說，因爲這是一個意伏藏，他想要接受這個傳承。由於他是我的上師，他這樣請求讓我感到不自在，但因爲他堅持，所以我最終爲他讀了這本書，就這樣給了他傳承。結束之後，他說「南卡」將來會成爲一個重要的修法，他還說我必須要修習和教授「五空行母法」。我問他什麼是「五空行母法」，他回答說以後就會有一些徵兆了。這是我的一個夢。

我待在妥魯寺的期間，有一些格外重要的夢持續發生。那時快要接近星象上重要的「第二十五日」（中譯按：空行母日[12]），我對睡覺有點緊張，懷著現在會發生什麼的掛慮去睡覺，但卻許久都無法成眠。終於當我睡著的時候，發現自己正在一種夢裡，我正跟某人說話。事實上我不知道是否在跟某個人說話，還是在跟自己交談。

那個聲音引導我放鬆，先是呼吸，然後是身體，直到我發現自己處於「三昧耶」[13]的放鬆狀態中。我心裡想著，我從未聽說過這種三昧耶的放鬆狀態；然而，我一再試著想要放鬆，讓自己進入那種狀態。但由於在妥魯的睡眠環境造成我的不舒服，每一次我都會醒過來。我的確在試圖進入放鬆狀態的過程中，至少醒過來兩三次。其中一次，我在夢中接受到指示，讓我鬆開睡前因爲疲勞而沒有解開的登山綁腿。

當我醒來時，我還記著這個指示，便鬆開了綁腿，再一次入睡，慢慢地放鬆進入三昧耶的狀態。「現在還沒有完全進入。」那個聲音說：「我們必須要有更新鮮的空氣、更順暢的呼吸。」爲了遵從指示，雖然天氣很冷、吹著凜冽的風，我還是打開帳篷的門讓新鮮空氣進來。我再一次入睡，進入了三昧耶狀態。我再次想著三昧耶沒什麼了不起，並不是一種眞正禪觀的狀態[14]。

那個聲音再次響起，說：「現在你做到了，你必須進入法界[15]狀態。」我按照指示，放鬆下來，並將自己導引入這種法界狀態。不久，我就被附近帳篷傳來的咳嗽聲吵醒了。

我再一次入睡，將自己引導通過放鬆的連續階段。一次又一次，我因爲這個或那個原因而醒來，然後不得不重新開始。突然那個聲音說：「我們做到了，這就是法界的狀態。」在我看來，這就像是處於禪觀的狀態。

那個聲音現在指示我，要將自己導入另一種狀態。當我這麼做時，開始出現一種明點[16]，類似我之前在妥魯山洞時的一次夢境中所出現的。我還看到一些文字，然後我再次醒過來……

我必須從頭來過，經由不同階段的放鬆，直到明點再次出現。我在明點裡看到的是一個文本的標題，這次在標題之後，顯現了文本本身，就像我正在看著電影螢幕，一個接著一個，一套完整系列的禪修方法出現了。我一頁一頁地讀著，但是如果我無法閱讀哪個部分，只要心裡想著這裡不清楚，不清楚的部分就會恢復正常，自動重複，就好像我在遙控一樣。我以這種方式，從頭到尾閱讀整個文本至少三、四次。

由於多次被打斷，我經常會醒來，但是，每次我都重新入睡，並重新經歷三昧耶和所有其他的階段，之後文本就會繼續出現。

突然那個聲音說：「你現在處於下一個狀態了。」這個狀態與上一個狀態不同的是，有幾個前面沒有完全清晰顯現的字，現在則充滿了整個空間。我並沒有集中注意力或凝視，但它們就出現了。因此我繼續閱讀，而這次沒有中斷，幾乎持續到早晨。

這時我開始劇烈地咳嗽，於是醒了過來。即使我的眼睛已經睜開，但那些字還在那裡。這不是一場夢。我這樣看著那些字好一會兒，它們才消失。我想或許這只是受了那個夢的影響而已。出於好奇，我繼續看著天空，天空十分晴朗，沒有出現任何境相。

我記得有一次在挪威閉關，我修法到中途時，發生了同樣的事，我把當時的經驗告訴了一些人。之前我曾經在一些大成就的上師傳記裡，讀到過「自顯文字[17]」。在挪威時我想起來，關於我先前並不懂得「自顯文字」意思的想法。無論如何，我又睡著了，並經由連續的階段而放鬆。在這個夢裡，當我正依照指示進入放鬆的不同狀態時，突然想到一個更深入的狀態，稱爲 *chadrub yeshe*，即「成所作智」。那個聲音回應我的這個念頭說：「當一切圓滿時，它就會出現。」之後就清晨了，我眞的感到很疲倦，而其他人還在舒服地睡著。這就是「第二十五日」所發生的故事。

隔天我們爬了很久的山，當天晚上，當我入睡時，這個夢又再度發生。我又分幾次閱讀了一遍這個文本，尤其是文字不清楚的那些地方。在某一處我突然醒來，發現自己頭上蓋著一條毯子。那裡風很大，我必須保護好自己。我掀開蓋著頭的毯子，睜開眼睛立即望向天空，那些文字非常短暫地又再度出現。

瑪拉帝卡山洞之夢

我現在要告訴你們，在我們到達瑪拉帝卡山洞的第一天晚上，我所作的夢。我在上床睡覺前想到，明天是修習長壽法的好日子，法本也帶來了。那時我還沒有完全確定修習這個法的方式，但是我一直將法本帶在身邊，因爲我一直有個想法，覺得瑪拉帝卡是修這個法的好地方。

那天晚上，我夢到自己正在一個大山洞裡準備做這個修法，我正在解釋該如何做這個修法，並給予灌頂，以便學生們可以自己修習這個方法。一般在我們的傳統中，若要修長壽法，必須獲得長壽法的灌頂。

你們當中瞭解我的人都知道，我不是那種很典型做複雜正式灌頂[18]的人，但是我總是說做某種灌頂來加持是有必要的。在夢裡，我想我必須先賦予灌頂的涵義，一個詳細的解釋。當人們對灌頂有了正確的瞭解，我就會用咒語加持，之後我們一起修法，這就構成了語傳承。

所以，在夢裡我正從身灌頂講起，解釋灌頂的每一個要點。這個時候，我注意到有一個人站在我身邊，想要遞什麼東西給我。我轉向他，看到他並不是一個普通的人類。關於這點我很確定，因爲當我看著他時，觀察到的第一件事，是他的下半身是大蛇的身體。我想他或許是熱乎拉[19]，亦即護法之一。但是當我看著他的臉時，又覺得不像。所以我想他或許代表我認識的某人。我再看一次：他的臉看起來像龍，身體是白色的。突然，他把什麼東西放到我手裡。

如果你接受過灌頂就會知道，通常會有人協助上師並遞東西給他；在儀式中的恰當時點，這個助手會遞給上師正確的物品。在我的夢中，這個像龍的衆生遞給我一個圓形的東西，我要用這個東西來加持我剛才給予的身灌頂。

我把這個圓形的東西拿在手裡。這是一面鏡子，似乎還有十二個小鏡圍繞在邊緣，整個由某種彩虹圍繞，再由孔雀羽毛環繞外圈，非常漂亮。當我把這面鏡子拿在手裡的時候，我明白我可以用來給予身灌頂。

通常在一場灌頂中，鏡子代表心，即瞭解的面向。在夢裡，我立即閃現一個解釋：「身體看起來像是物質的，但內在本質卻是空的。這個象徵就是反射，亦即我們在鏡中所顯現的外形。」由於傳達著這樣的解釋，於是我在夢中使用鏡子給予身灌頂。在夢中，我用鏡子碰觸每個接受灌頂的人的頭。當每個人走過時，我也會唸誦咒語[20]。

接下來我開始解釋語灌頂，這時我感覺左邊又有另一個衆生出現。這個衆生同樣遞給我一個用來加持灌頂的東西，這是一串由「8」字形深紅色寶石所做成的念珠[21]。我仔細看著給我念珠的這個衆生，深紅色的身體，只有一隻眼睛。我又想到這不是普通的人類，也許是一髻佛母[22]。另一方面，她看起來又不十分像是一髻佛母，她手裡拿著一些奇怪的東西。無論如何，就在她遞給我念珠後，我發現自己又在給予解釋：「這個念珠代表連續唸誦咒語。」我不僅解釋了咒語的作用，還給予非常奇特的解釋，說明這個咒語的形狀，就是「8」字形所代表的涵義。這一切都很奇怪，因爲這些解釋跟我要講的娘拉貝瑪敦都（Nyagla Pema Dundul）的長壽法[23]毫不相干。

隔天，我在夢到曼達拉娃空行母的另外一個長壽法後，發現確實有一個「仰滴」修法，事實上就包含了這個觀想。同時，那個像一髻佛母的衆生將另一個東西放到我手中，是加持意灌頂的一個象徵。這個東西跟萬字標誌很像，但在頂部有些三叉，萬字標誌位於中央，是由一塊透明珍貴的藍寶石做成的。

然後我解釋了意灌頂的意義。之後，我將這個東西輪流放在每個人的心輪，同時唸誦有關意灌頂的咒語。我將這個東西放在第一個人的心輪後，看到它留下了一個印痕，這個印痕在旋轉並發出很小的聲音，看起來非常生動。在我給予下一個人灌頂時，同樣的事也發生了。等我終於完成了灌頂，看到所有的萬字印記都還在旋轉著。這就是我如何給予灌頂，之後我便醒了。第二天，我決定要在洞中做一個閉關。很多陪同我前來朝聖的學生，都跟我一起在曼達拉娃的洞穴裡，做了貝瑪敦都的修法。

次日，我又作了另一個特殊的夢。儘管實際上我們當中有很多人還沒抵達，但我夢到我們所有人都在這個大洞穴中，我們已經一起做完一個修法，我正在給予教授。這個夢看起來似乎是前晚的夢完全重新再作一遍。在我的左邊是那個深紅色、只有一隻眼睛的眾生，她手裡又拿著很多東西，這次她給了我一個水晶珠子。

現在很明顯的是，當我給予教導時，這個眾生便在一旁協助我。我把這個水晶拿到手裡看著，水晶中央有一個字，我一看到那個特殊的字，就知道這個眾生確實是一髻佛母。我還有一個關於一髻佛母護法非常清晰的夢中境相，她建議我說：「是打開你『金剛命髓具印』（Life's Circle of Vajra）意伏藏的時候了，這是獲得長壽的空行母修法。」

看向這個小水晶球的裡面，我能夠看到由這個字母向各個方向放射出光芒，但是並沒有照射到水晶球的外面。我拿過這個水晶球，問道：「這是什麼東西？」她說：「這是 *taghteb*，你必須要做 *taghteb* 。」「我不明白。」我回答。當我這麼說時，那個水晶球似乎消融到了我的身體裡。我回過頭去看一髻佛母，但是她也消失了。

我醒來的第一念頭就是「*taghteb*」，以及這可能是什麼意思。離天亮還早，我還有很多時間，所以我繼續專注在「*taghteb*」這個字上。這不是一個熟悉的詞，*tag* 的意思是「純淨」，*theb* 的意思是「去面對」，有時候又有「去列舉」的意思。當我想到時，我正在半夢半醒狀態中思考這個詞。我被要求做的是寫下文字，之後在沒有參考前次記錄的情況下再寫一遍，以便驗證內容的純正性。現在完全清楚我必須怎麼做了。

盥洗完畢之後，我拿來紙筆，來到一塊岩石旁。然後，沒有任何計畫，我寫下所有出現在腦海裡的東西。我寫了幾頁，出現的是一個一髻佛母的祈請文。這只是開始，之後我去吃早餐。吃早餐時，我要一個學生去取來一個筆記本。我吃完早餐後，她還沒有回來，所以我拿了另外一個筆記本到一個特定位置，那是我第一天就去過，是瑪拉帝卡加持力的所在地，然後坐下來。

當那個學生拿著一個黑色筆記本和一支紅色筆回來時，我幾乎已經開始了。我用這些開始記錄，就好像我在寫一封信。我抬頭寫下瑪拉帝卡，還有日期和時間。當時是早上九點十五分。當我正在寫的時候，跟我一起來的很多人都走了過來。有些人不知道我在做什麼。當他們走過來跟我打招呼時，我就試圖把他們打發走。

儘管受到打擾，我還是在十二點十五分寫完。當我結束時，正好用完最後一頁，剛剛好寫到筆記本的最後一行，看起來幾乎是刻意計畫好的。我告訴自己這是一個好徵兆。

回到我們的營地，我將這個本子交給兩個學生保管幾天。我在想，過幾天後，我會再寫一遍。這就是*taghteb*，意即第二次版本與第一次的進行比對，以確認其純正性。如此可以證明這個文本是眞實的，並非純粹是我的心智在玩遊戲。

過了兩天，在第三天時，我作了一個夢，指示我時候到了，我該寫下並做些辨明。早晨的修法過後，我再一次坐下來寫，一直持續到午餐時。第二次，我非常平靜地用一種簡單的手寫體寫了出來，這次我花了兩個半小時。然後我要求取回原稿，由我的姊姊比對這兩個版本，兩者幾乎沒有任何差別，只有兩三處語法的更正。

這就是那個（長壽伏藏）法本來源的故事，這是爲發展長而穩固的壽命之修持法。這個法本包括咒語、呼吸練習、能量控制，以及觀想，還有與輪和脈有關的指導。在西藏的傳統中，這樣的伏藏有時會被封存，意思是說要保密很多很多年。當你保守這樣一件伏藏的祕密時，你甚至不被允許去說你正在保守什麼祕密。而在這個例子中則沒必要如此，沒有任何指示說要將它封存，我也沒有祕密要保守，因此我才加以談論。我在瑪拉帝卡也談到這個伏藏法，並給予其相關咒語的傳承。

註釋

1. 位於瑪拉帝卡（Maratika）的曼達拉娃洞穴：位於尼泊爾北部，一九八四年南開諾布仁波切在那裡做了一次閉關。那裡有兩個聖洞，大的與蓮花生大士有關，小的與曼達拉娃有關。西元七世紀時，曼達拉娃跟蓮花生大士一起在這個洞中修法，並獲得不死之身，因此這個洞被稱爲長壽洞。

2. Mahasiddha（梵語）：字面意思是「大成就」。Maha 的意思是「大」，siddha 是指「一個證得『悉地』（*siddhi*）的人」，具有超自然和靈性的力量。在藏傳佛教案例中，有八十四位獲得超自然力量的男性和女性，這些密乘修行者，於八世紀時生活在印度和尼泊爾。關於這八十四位大成就者的傳記，至今僅存五十四位，其中四位是女性。

3. 蓮花生大士（蓮師，Guru Padmasambhava）：由梵文 *padma*（蓮花）和 *sambhava*（出生）組成，是一位來自烏金國的印度佛教密乘和大圓滿大師，因「生於蓮花」

的神奇誕生方式而聞名。據說蓮花生大士自顯爲烏金國一個湖中央，端坐於蓮花之上的八歲男童。西元八世紀時，他將佛教由印度帶入西藏，以他超凡的力量，克服了所有阻止佛教在西藏土地上扎根的障礙。

4. 曼達拉娃（Mandarava）：這位來自曼迪（Mandi）的印度公主，是蓮花生大士的主要明妃之一。她爲了修習佛法而拋棄了王宮生活，最爲著名的是與蓮花生大士一同修習長壽法。在某些爲了延壽的密續儀式中，曼達拉娃爲修法祈請的主尊。

5. 伏藏師（Tertön）：發現伏藏的人。伏藏是隱藏起來，以便在以後才會被發現的佛法經典或聖物。一般相信伏藏被藏在樹林、湖中、地底，甚至虛空之中。

6. 佐欽寺（Dzogchen Monastery）：由第一位大圓滿上師貝瑪仁增（Pema Rigdzin），於十七世紀建於康區（東藏），後來成爲最大的一座寧瑪寺院，亦被認爲是東藏二十五個偉大的朝聖地之一，寺院附近有一個蓮花生大士的聖洞和三個聖湖。很多來自藏傳佛教四大教派和苯教傳統的著名學者，都曾在佐欽寺學習，其中包括巴楚仁波切和米龐仁波切。一九五九年佐欽寺被漢人所毀，後又重建。

7. Tsigsum Nedeg：「噶拉多傑的椎擊三要」（The Three Statements of Garab Dorje）。該經典總結了大圓滿教授的三根本要點：⑴上師對弟子直指本初狀態；⑵修行者對所直指的本初狀態確認無疑；⑶修行者持續安住於本初覺知的狀態，直至完全證悟。

8. 噶拉多傑（Garab Dorje）：根據寧瑪派傳統記載，噶拉多傑生活在佛陀涅槃後一百六十六年。根據西藏記載佛陀涅槃是在西元前八八一年，西方學者則認爲佛陀生活在西元前五六〇至四八〇年。據說噶拉多傑是烏地雅納（烏金國）小國國王的女兒，是一位出家公主，未經男女接觸懷胎所生。這位比丘尼作了一個夢。那時她一直在湖中央一座島上修行，她夢到一位英俊膚白的男人，握著一個刻著咒語的水晶花瓶，給予她灌頂後融入光中，進入她的體內使她受孕。這個夢之後一段時間，她便生下噶拉多傑。根據寧瑪派的記載，噶拉多傑是第一位人間大圓滿導師，他的前世是在另一個空間，直接從金剛薩埵的報身處接受大圓滿傳承。噶拉多傑出生爲人身後，立即記起這些大圓滿教法，並在烏地雅納聖地教導被稱爲空行母的這一類眾生。他也有人類弟子，其中一位是文殊友，他將噶拉多傑的教授彙整爲心部、界部與口訣部。關於噶拉多傑的更多內容，參見約翰・雷諾茲所著《金字書》（*The Golden Letters*, Ithace: Snow Lion Publication, 1997）。

9. 意伏藏（*gongter*, mind treasure）：在伏藏師心相續中所發現的伏藏。伏藏師是發現伏藏的人。

10. 南卡（*namkha*）：用來平衡個人五種元素的修法和法器。南卡是根據個人生日星相圖來製作，由八根木棍和五種顏色的線繩做成，每種顏色代表一種元素：白色是金，綠色是木／風，紅色是火，黃色是土，藍色是水。各種色彩的線繩以一種方式纏繞在木棍上，以此來協調個人的元素。南卡須由上師或修行者加持。

11. 普沃（Phuwer）是 *Phu wer gshen theg pa* 法系中的主尊。*Phu wer gshen theg pa* 是苯教根據「來自南方的伏藏」傳統而劃分的九乘中的第一個。

12. 第二十五日：陰曆（藏曆）第二十五天在月虧期，被稱爲空行母日。空行母日與證悟的陰性能量有關，因此很多西藏喇嘛會在這一天進行與陰性能量相關的修法。

空行母日也是薈供，亦即密乘供養的吉日。

13. 三昧耶（梵文 Samaya）：儘管三昧耶一詞有時翻譯爲「誓戒」，通常與持續一項禪修或持戒純淨有關，但在這個夢中，此詞的涵義另有所指。在南開諾布仁波切的夢裡，三昧耶和法界指的是逐步加深放鬆的層次。

14. 禪觀（contemplation）：大圓滿主要修法，修行者持續安住於自解脫的狀態。在這種狀態，修行者超越了平常二元心智的所有概念，卻仍然完全能夠運用智力和推理。禪觀並不涉及要力求平靜或明性經驗，也不涉及要避免分心。處於禪觀時，當一個念頭升起，要既不壓抑，亦不追隨，而是念頭自解脫而消融。這是大圓滿上師在解釋心性時，會教授令所有升起現象解脫的修法。

15. 法界（梵文 Dharmadhatu）：一般指存在的究竟基礎地（ultimate ground），以及眞如實相的層面。然而在這個夢中，是專指最深層次的放鬆。

16. 明點（*thigle*）：關於明點，有不同的定義。一方面，明點被定義爲一個沒有邊角或稜角的圓形或完美球體，亦解釋爲一個球體內的空間。*Thigle Chenbo*（大明點）

意爲「包含萬物」，是「大圓滿」的另一個名稱。明點也有「本質」的意思，例如「寧體」（*nyingthig*）是*nyingi thigle*的縮寫，意指「心髓」。在其他定義中，明點則指男性的精液和女性的經血，是承載能量的物質。在幻輪瑜伽詞彙中，明點被定義爲人體微細能量的最基本形式，梵文稱昆達里尼（*kundalini*）。

17. 自顯文字（*nangwa yiger shar, snang ba yi ger shar*）：文字的自發性升起。

18. 灌頂（initiation）：身、語、意的灌頂、傳承和加持。人類的存在由身、語、意所構成。首先是「身」的層次，是個人身體和物質環境之間動態的交互作用。藏語的「身」有兩種說法：*lu*指的是普通人類的粗重身（gross body）；ku指的是開悟者的莊嚴形體。其次，我們的能量層次稱爲「語」，由語言、呼吸和靈性能量所代表。普通之語稱爲*ngag*，證悟之語稱爲*sung*。在心意的層次或心智活動中，*yid*是普通的心，而*thug*是證悟之心。透過上師給予弟子傳承，同時在三方面：物質、能量和心靈，傳達的授予就會發生。大圓滿中上師給予傳承，是爲了要揭示個人的眞實本性。加持或稱*wang*，是爲給予傳承所進行的宗教儀式，特別是在佛教密續裡變得非常複雜，且使用很多象徵器具與儀式。大圓滿中，爲修行者引介其心性的直指方法，可以是複雜的，也可以是不複雜的。關於直指教授的更多內容，參見約翰・雷諾茲（John Reynolds）所著的《金字書》（*The Golden Letters*）。

19. 熱乎拉（Rahula）：熱乎拉（羅睺羅）是大圓滿教法的一位主要護法。熱乎拉以怖畏的憤怒相示現，擁有極其強大的法力，若對其不敬，可能會導致相當大的損傷。

20. 咒語（mantra）：字面意思爲「心的保護者」。咒語即唸誦的神聖音節。不同的咒語有不同的功用：有些被用來激發並活化個人能量，有些則會產生平靜和安撫的效果。究竟來説，持誦咒語的目的是要幫助修行者超越二元的思想。很多咒語都與特定的本尊有關。在密續儀式裡，咒語被反覆唸誦，直到修行者獲得與本尊相同的證悟品質。

21. 念珠（mala）：在佛教傳統中，一串念珠由一百零八顆珠子組成，用來計數咒語的唸誦次數。

22. 一髻佛母（Ekajati）：一髻佛母是大圓滿教法的主要護法，自本初即已證悟，她是本初智慧普賢王如來佛母的直接化身，是本初佛普賢王如來的女性面向。身爲本初證悟者，一髻佛母具有對大圓滿教法遍知的智慧。一髻佛母外顯爲極其憤怒之相，以降伏極具力量和破壞潛能的眾生「瑪目」（*mamo*）。「一髻佛母」意爲「一束頭髮」，她是智慧的象徵，身體獨特之處在於獨眼、單齒和一個乳房，這些特徵代表非二元的覺知。作爲大圓滿教法主要的女性護法，她會與伏藏師或大圓滿上師聯繫，以揭示某個因緣成熟的教法或伏藏。南開諾布仁波切便由一髻佛母那裡接受了一個儀軌，作爲曼達拉娃修法意伏藏的一部分。此儀軌是一篇祈請文，在此文中，修行者請求曼達拉娃清除達到完全證悟的所有障礙，並在修行道上提供保護。

23. *Tsedrup Gongdü*，意爲「和合以獲得長壽」，是南開諾布仁波切帶到瑪拉帝卡的長壽修法。此修法是蔣秋多傑的根本上師娘拉・貝瑪敦都（Nyagla Pema Dündul, 1816-1872）的伏藏，最初由長壽佛直接傳授給蓮花生大士。空行母曼達拉娃作爲蓮花生大士的明妃，和他一起在尼泊爾北部的瑪拉帝卡聖洞中修持，並成就「本初精要總集」（the Union of Primordial Essence），因而證得不死之身。西元八世紀時，蓮花生大士爲利益未來眾生，將此修法寫下來並伏藏於東藏的岩石中。約一千年後，於十九世紀，娘拉·貝瑪敦都重新發現此伏藏，並在數年內密集修持此長壽法，於臨終時證得虹光身。娘拉·貝瑪敦都將此修法傳給蔣秋多傑和阿育康卓（Ayu Khandro），兩人修持此法，壽命都出奇地長，分別活到一百三十七歲和一百一十六歲。南開諾布仁波切從蔣秋多傑和阿育康卓處得到這個伏藏法的傳承，現今亦傳授此修法以利益弟子。

9

南開諾布仁波切專訪

麥　克：我想請問您幾個關於夢的問題。首先，您所作的夢修法歷史是怎樣的？

南開諾布仁波切（以下簡稱仁波切）：你說的「歷史」是什麼意思？

麥　克：何時、由誰最先教授夢修法？誰因此教法而聞名？

仁波切：這個問題不好回答，因爲夢修法的教法來自不同種類的密續教法，尤其是《大幻化網續》，但是大圓滿教法中也有。

麥　克：《大幻化網續》是什麼時候寫的？

仁波切：超越了時間，你不能說它什麼時候寫成的。

麥　克：有沒有一位特定的作者呢？

仁波切：（笑）密續教法是沒有作者的，也許是一位大成就者從印度的烏地雅納[1]開始了此教法的傳承並加以介紹。其結果即是，薩羅哈（Saraha）教示了《密集金剛續》，帝洛巴教示了《勝樂金剛續》。也許類似這樣可以說成是密續傳承的歷史，但是並沒有一個密續起源的歷史。

麥　克：仁波切，您有時教導夢修法要觀想心間一個白色的字母ཨ，但是有時您又會教說要觀想一個ཨ在喉間。觀想ཨ在心間和喉間，兩者之間有什麼不同呢？

仁波切：觀想ཨ在喉間是專門爲了要記住夢的，觀想ཨ在喉間則具有控制能量和明性的作用。當你觀想心間有一個白色的ཨ時，你以自然光的原則來運作，那是另一種方法。

麥　克：我們爲什麼會作夢？

仁波切：有時作夢是基於習氣，是每天的印象，包括我們的焦慮、態度和關注的事物。還有另一種類型的夢是由我們的明性升起的，這種類型的夢跟夢者的環境和明性有關。

麥　克：我們如何區分由我們的明性升起的夢，和由我們每天的印象和習氣升起的夢呢？

仁波切：如果我們一天下來筋疲力盡，所能做的就是吃個飯，然後睡得很沉，便不太可能有明性之夢。在這樣的情況下，我們多半會夢到正在投入的事情。因爲睡得沉，我們甚至很難記住所作的夢。另一方面，在接近清晨的時候，就在我們快要醒來的那一刻，我們的夢可能會相當清晰，這段時間的夢更可能會與我們的明性相關。如果一個夢涉及明性的話，就會對我們的生活具有特殊意義，可以指示很多事情。

麥　克：這對那些修習夢瑜伽的人也一樣嗎？

仁波切：如果你是一位夢瑜伽的修行者，從明性生起的夢會發展和增加。然而，與明性連結的夢，對每個人來說都存在，每個人都具備本俱的明性。

麥　克：嬰兒是何時開始作夢的？他們夢的內容是否也會和習氣一樣反映前世呢？

仁波切：是的，我們說嬰兒有更多來自前世印象的夢，一個幼兒能更容易地記起前世發生的事，因爲他的明性受到的阻礙較少。隨著這小孩的成長，日常生活中的緊張和執著都產生了，慢慢地這種情況就會改變。

麥　克：您會建議自己本身是修行者的父母，在孩子年幼時就教導他們夢瑜伽，並鼓勵他們發展夢境嗎？

仁波切：我不這麼認為，對於孩子來說這不太容易。

麥　克：嬰幼兒是否從某個特定年齡開始作夢呢？還是一出生就馬上開始？

仁波切：我認為他們是一出生就幾乎立刻開始作夢。

麥　克：有些案例是，當我們作了一個夢，夢中我們接受的建議看起來也很合理，但我們是否眞的得到建議了呢？

仁波切：是的，這也是有兩種可能性。如果你的夢與明性連結的話，你就會眞正獲得建議和確實有用的訊息。另一方面，如果你有非常強烈的緊張或執著，你也會從夢中獲得建議，但是你不會說這是最適當的建議。

麥　克：您可否給我們一個例子，關於您作的特定的夢是與明性連結的？

仁波切：好的。很多年前我有一個朋友在義大利，她是很好的朋友，一位有才華的歌手，對修行也很感興趣，但她的家庭並不是這樣的。總之，一天晚上，我夢到自己開車前往那不勒斯，我看到一輛紅色的車迎面而來。當我接近時一看，認出駕駛就是我的這位朋友，她看起來很生氣。我調頭開回羅馬，過了一會兒就到了我的房子前。不久，我的朋友隨後也到了，她看起來不再生氣，而是說：「我要感謝你對我的幫助。」在夢裡，我送給她一支瑞士錶，然後我再看她時，她的頭不見了，這使我非常驚訝。我感到非常奇怪地醒來，試著打電話到她家，是她母親接的，說她已經去了瑞士的盧加諾。我留話給她母親，請這位朋友打電話給我，但我沒有收到任何回電，於是我又打過去。她母親告訴我說她從盧加諾回來很短的時間，又趕赴南斯拉夫一個預定演唱行程。她母親並沒有把我的口信帶到，因爲她不贊同我們的友誼。當她從南斯拉夫回來後又離開了，這次要前往那不勒斯，途中她遭遇致命的車禍。這就是一個例子。

麥　克：仁波切，您作了一些夢，夢中您記起特定一本教法的書，這是怎麼辦到的？

仁波切：這樣的夢也是與明性連結的夢。在這種類型的夢裡，我們可以做很多事情，例如研究、閱讀或學習。

麥　克：您是否可以為我們舉一些夢象徵的例子，這些象徵是西藏人認為很重要的？

仁波切：我可以給你同一個夢有兩種可能的解釋。如果你正在從事一些淨化法，那麼夢到你在清洗或洗澡，就會是正面的，這顯示你的淨化已產生結果，並且你也正在發展你的明性。

如果你並沒有參與禪修，而你作了這樣的夢，我們就會說：要小心了，因為這可能表示你處於損失金錢或財富的危險中。

麥　克：您曾指出當夢中明性得到發展時，有時我們能夠預測未來。對此，就您自己或您上師的夢的經驗，是否有任何例證可以說明？

仁波切：如果你發展了明性，就肯定會在夢中具有這類的顯現。藉由這些夢，有時你可以發現關於未來的一些事情。明性的夢與我們的本有智慧，以及透過我們禪修的經驗和一生所做的善行，和創造的業力種子相連結。關於我們所積累的業力種子，同樣也具有讓這些潛能顯現的可能性，當有助緣[2]令其成熟的時候，這些潛能就可能顯現。藉由適當的助緣，諸如未來夢這樣的顯現就可能出現，我們可以在禪修大師們的傳記中發現很多這些顯現的例子。

我們自己也同樣能有像這樣的夢，夢讓我們能夠看到或理解一些事情，這是明性之夢的一個面向。例如很多年前，在一九六〇年時，當時我到義大利差不多只有一年，我作了一個夢，夢裡我正在跟某人說話，但我不知道他是誰。這個人跟我解釋過一段時間後，政局會如何。他說中國和俄國之間會發生具體的問題。我在夢中回答說這不可能，因爲我知道這兩個國家關係深厚：兩國皆抱持相同的共產主義立場。當我在中國的時候，那裡有蘇維埃協會和中國人合辦宣傳和共產黨教育。因此我想中國和俄國之間不可能會有問題。但那個聲音仍然告訴我說，這兩個國家之間有可能會發生衝突。聲音繼續說，不僅僅是蘇聯和中國會有問題，美國和中國還會建立友好關係。我回答說不可能。然而那個聲音說，之所以會這樣，是因爲中國和美國之間的情況，跟蘇聯和中國之間的關係，本質上並不同。不像蘇聯和中國，美國和中國都對商務和貿易有興趣，兩國不會由共屬邊界產生爭端，因爲美、中兩國相距非常遙遠。這是我其中一個夢。第二天，我將這個夢告訴我的同事格西蔣培森格（Geshe Jampel Senge），他認爲這個夢聽起來非常不可能。

過了幾個月，我們看到報紙上報導說中國和蘇聯之間出現嚴重問題，我的這位格西朋友非常驚訝，之後更讓他吃驚的是美國和中國的關係好轉。這個夢就是透過明性而來的夢的一個例子，事後夢被證實了。

修行者發展夢中明性的主要方法，是要成功地修持自然光修法，透過此，夢覺知就會出現。但不僅是覺知，藉由修持此法，我們持續發展明性之夢，並減少普通的業力之夢。藉由發展明性之夢，夢的覺知就會發展出來。

因此，我們可以在「作夢狀態」修習許多方法。有很多修持技巧我們無法在日間容易地應用，因爲我們在肉身的層次有所限制；即使我們有很好的概念，知道這些技巧該怎麼做，但還是不容易運用。然而在夢中時間，我們的感官沒有在運作，所以我們不爲物質身體所限，因此能夠更容易地運用許多方法。

藉由在「作夢狀態」中的修習經驗，我們能夠對日常生活如夢般的本質，擁有非常深刻的體驗和瞭解。以此方式，我們減少了自己的執著和緊張，就能眞正理解釋迦牟尼佛所說一切皆虛妄不實、如夢幻泡影的義理。這個結果：執著的減少，是因爲執著是基於這一生的事件是重要且眞實的強烈信念。

麥　克：有一次我作了一個夢，夢中我收到員警開的一張違規停車的罰單。隔天我仍記得這個夢，決定要小心一點。我特別注意投了計時器的停車費，所以不會收到罰單；當我離開的時候，也留意時間，這樣我就知道何時該回到車裡。然而，當我回到車子時，計時器已逾時一分鐘，我發現了一張罰單，就像我在夢中看到的一樣，而我已經非常努力去避免這個後果了。有沒有可能在以某種方式夢到這些事件後，還可以去改變事件接二連三的結果？

仁波切：有時你可以跟你的明性之夢共同合作，這對克服許多困難都會非常有用。但是要改變事件並不是那麼容易，因爲每件事都與助緣相關連，有的時候助緣非常複雜，而你能做的眞的很少。我告訴過你我那位義大利朋友的故事，我作了關於她非常複雜的夢，但是我什麼也幫不了，這就是一個例子。然而，有時當我們明白夢是在預言未來的時候，就可以修改計畫以避免潛在的問題。

有一次我準備第二次造訪中國，連續幾晚我作了很多惡夢，我被這些夢弄得心神不寧，開始擔心此行。當時我的妻子羅莎和兒子益西要去義大利北部度假，而我則計畫前往中國。然而，就在他們要出發前往義大利北部的那天，他們出了車禍。

事發當日清晨，我作了一個惡夢。我駕車急速奔馳，正朝路的盡頭接近，我一直試圖剎車，但因爲速度過快而剎不住；如果我再繼續往前，就會衝下懸崖。我不知所措，非常害怕。千鈞一髮之際，我意識到自己正在作夢，情況不是眞的，我馬上想到：「我必須轉化夢境。」我立即將車轉化爲一匹馬，我就騎在馬背上。是一匹巨大的石馬，因此我沒有掉下懸崖。我醒來之後用早餐，我的一位學生從羅馬過來要開車送我去機場，我告訴他前晚這個奇怪的夢，還有之前幾個晚上的惡夢。隨後就在我正要出發時，接到了從義大利北部打來的電話，我聽到妻子羅莎和兒子益西出了車禍。

我想這個夢只相應於他們的負面情況，但並不是非常危險。他們在醫院，但並不太嚴重。我依然打算去中國，隔天便動身前往羅馬，但那天早上我又作了另一個負面的夢。我介於半夢半醒的狀態，有人非常清晰地告訴我：「你一定不能成行。」說得非常清楚，然後我就醒了。我曾以為眞的有人在說話，但是後來發現說話的聲音來自夢中。

我改變計畫，不去中國了。我不知道如果當時去了，會發生什麼事。想知道問題確實是什麼並不容易，我唯一能說的就是一個月後我聽到新聞報導，在中國和拉薩，他們把很多人關進監獄，有些人被處死，因爲他們被認爲對共產主義造成威脅。我不知道是否是這個問題，還是也許跟飛機有關。有時藉由夢中明性有可能克服不好的命運，這非常有用。

麥　克：仁波切，您說過在死亡的時刻，我們能夠運用在自然光修法和密續夢修法中發展出的覺知，我還聽說我們的覺知在死後會增強七倍。您可否談談在死亡時刻如何讓自己解脫，以及一位西方人必須要有多少清明夢經驗，才有可能達至這樣的解脫？您的意見爲何？

仁波切：如果你曾有過一些明性的夢，就能夠獲得相關於教法和修道的利益與可能性。然而，如果你是對運用修法以獲得死後的解脫感興趣，那麼你必須在有生之年得到關於這方面的修法和教法的傳承。

舉一個例子，我們來談談「寂忿百尊」[3]。此修法的一部分在西方被稱爲《西藏度亡經》，這是關於寂靜與忿怒（本尊）顯現的一個修法。

當你接受一個傳承，即一位上師給予弟子修持某法的加持之後，藉由這個傳承的力量，就會與你的潛能產生連結，而這個潛能直到這之前都像顆尚未顯現的業力種子般潛伏。此後，你將修持的經驗應用於一生當中，這意味你在發展自己潛能顯現的可能性。

關於潛能的一個簡單例子是鏡子。如果你看一面鏡子，會發現鏡子具有無限的潛能，超越了侷限。一面很小的鏡子，即使很小，卻仍然能夠反射出整個鄉村的風景，這個反射是超越了鏡子大小的。藉由你在鏡子裡看到的反射，你能夠發現鏡子的無限潛能，鏡中反射對於去發現這個本質是非常重要的。

如果在我們有生之年接受了傳承，透過咒語的力量融合了傳承的力量，進而爲法性中陰裡（一般中陰之前）出現的一系列寂靜和忿怒（本尊）的顯現做好修持和準備，那麼我們就有那個顯現的可能性。因爲我們已經做好準備，我們具有這個特定顯現的潛能，同時，我們會認出這只是我們的潛能，而非其他。

當我們在中陰，藉由傳承和修法認證此點時，就能得到眞正的解脫。解脫意指進入我們的眞實本性，我們不再依存於思想、判斷，以及侷限的業力之相[4]中。

當夜修法的修行者死亡時，他們具有解脫的可能性。對於那些沒有能力以此方式在死亡那刻證悟的人，會回到受生中陰。「回到」意指他們將會再一次出生，而此時他們恢復心的作用與感官意識，這兩者幾乎相當於「作夢狀態」中的心識，不同之處在於，在「作夢狀態」中，我們意識的功能並不依存於物質身體和其感覺器官。依此原因，如密宗密續所解釋，我們在中陰時具有七倍於生前的明性。

麥　克：我讀過很多有過清明夢經驗的西方人描述，他們能將夢魘轉化爲平和的情境，或者克服他們在夢中的恐懼。假如這些人從未聽過密續和大圓滿的修持法，但已具有清明的經驗，並完全知道將他們負面的夢轉化爲正面的情況，他們是否能夠在受生中陰時，將忿怒的顯現轉化爲正面的顯現？以及如果他們沒有完全解脫的話，至少有適合的轉生？

仁波切：如果我們具有在夢中將惡劣情況轉化爲平和的經驗，這只說明我們在夢中具有這樣的經驗。當我們具有在夢中將壞的轉化爲好的或平和的能力，並不意味我們同樣會在死後的中陰裡具有那個能力。

如果你想要解脫，就必須具有與你眞實本性之覺知連結的能力。你的眞實本性不是二元見。好與壞的想法和感知相連，其本身即是我們業力的結果。具備中陰的知識則是另一種情況。首先你需要一個方法去發現自己的潛能，然後你會發現自己的潛能超越了生與死，超越了你的好與壞之凡夫見的侷限。如果你不具備對自己眞實本性的這份瞭解，我不認爲你會有在中陰解脫自己的可能。

麥　克：這就是將我們帶到大圓滿的方法，藉由直指傳承、夢修法，以及自然光來瞭解我們的眞實本性。您可否談談大圓滿的修持法，以及我們如何接受傳承？大圓滿修法是如何使我們在死亡時，具有解脫自己的能力，或甚至是在我們活著的時候就具有明性的經驗？在所有的夢修法和我們所談及所謂的大圓滿之間的關係爲何？也就是說，夜間的修持和日間的本覺覺知之間是什麼關係？

仁波切：大圓滿教法裡的原則即是（本性的）經驗。我們需要瞭解我們的眞實狀態，只能藉由對存在的所知來瞭解這點。例如，我們說心是我們的三種存在之身、語、意，這也是三種存在的根本。當我們說到心的時候，指的是相對狀態的心，我們用它來思考和判斷；當我們再深入些，即說到心的本性（心性）。但是，如果我們不瞭解心是什麼，就無法發現心的本性。

心是我們相對狀態，亦即我們身、語、意三種存在的一部分。當我們在大圓滿教法下發現了我們眞實狀態的知識時，稱之爲「本覺的狀態」或「處於我們眞實本性之中」，這個知識同樣也是夢修法的根本。

夢是我們生活的一部分，在我們的生活中有日間和夜間。在夜間，我們在夢中迷亂；在日間，我們的心也同樣迷亂——判斷、思考，並製造許多事情，我們的一生就是這樣度過的。在夢時具有覺知或繼續我們的覺知，意指維持跟我們在日間所具有同樣的覺知。如果我們在日間沒有能力藉由禪觀或禪定處於本覺的狀態，亦即眞實知識的狀態，我們同樣也不能在夜間具有這個能力，道理是一樣的。如果我們在日間因許多經驗而具有本覺的知識，那麼當我們在夜間運用該知識時，就會較容易處於這種狀態，我們能夠在夢時獲得比在日間更多的經驗，所以這就是夜間經驗在修持上的關係。

麥　克：這和密續是相同的嗎？

仁波切：是的，密續跟大圓滿多少有些相似。

麥　克：我聽說從一位上師處獲得傳承、接受修法並加以瞭解與發展很重要。我們也必須從一位上師處接受傳承，以便發展夢覺知的修持嗎？似乎很多西方人都具有清明夢的經驗，傳承和「作夢狀態」中發展清明之間的關係爲何？這有多重要呢？

仁波切：如果你要的只是有限的對夢的經驗，也就是在夢時具有覺知，或甚至是一些明性體驗的話，即使你沒有接受過傳承，也能夠做到。然而，如果你要想將夢經驗作爲你的修道，看看這如何影響你超越自己的生命——在死後，並以你的夢修爲中陰做準備，那麼你便必須得到傳承；否則你就不能超越，也沒有運用不同修持方法的可能。人們即使在接受傳承的當刻並不瞭解，但最終會發現教法的意義。你需要傳承以獲得覺知。覺知與我們的明性和能量有關，如果你有了一個傳承，就具有一個串聯：重複的可能性。例如，如果你一生中曾接受寂忿百尊修法的傳承，就具有寂忿百尊在中陰顯現的可能。

麥　克：如果我們在一本書中讀到這些夢修法，是否能沒有傳承就修習呢？

仁波切：這要視情況而定。有人照著做會有結果，有人則毫無所獲，這沒有保證。但若你確實遵循傳承教法而行，就可以有許多經驗。

麥　克：所以傳承本身並不會減少一個人的業力或增加功德嗎？

仁波切：一切都是相對的。

麥　克：仁波切，有一篇米龐仁波切寫的大圓滿教言，解釋覺知的修習和禪觀。我們如何能深入理解這個教言，並能日夜實踐？

仁波切：當你讀一本書時，你可以以心智方式理解所有的概念。如果你由一位上師那裡接受了傳承，就能有不同的感受。

麥　克：仁波切，比起很多其他喇嘛，您似乎在傳承上有更非正式的方法。

仁波切：這不是我的發明，而是大圓滿教法的傳統。在大圓滿中有給予傳承的方式。就好像一位哲學老師藉由哲學語言傳授理解和知識，這個方法對適合的人有用；而適合密續方法的人，則能藉由儀式得到傳承。簡單的人可以僅透過交談就接受傳承，就像兩個人、兩個朋友在一起，這也是傳承和領會的一種方式。重點是我們必須要體驗眞正的知識，缺乏這點，你可以接受上百次的灌頂和解釋，但以大圓滿的觀點來看，這些說明不了什麼。

麥　克：意識到自己正在接受一個傳承很重要嗎？

仁波切：這取決於接受傳承的人是誰。如果某人眞的準備好並具有接受傳承的能力，那麼無論上師以什麼方式給予傳承，都是有效的，而這個人也會受益。如果這個人還沒有準備好，也不具有這樣的能力，就不容易得到傳承。

麥　克：如果一個人接受了傳承，但是沒有立即領會，那麼接受這個傳承還會有很大的價值嗎？或者說價值僅在於瞭解嗎？

仁波切：如果一個人接受了傳承，但是卻不瞭解，那麼在接受的當刻並沒有太多利益。當你接受一個傳承時有所醒悟，並眞正進入經驗的狀態，這樣才能受益。

麥　克：在西方至少有一個傳統相信，一個夢的所有組成部分都代表夢者某些方面或投射，此傳統會要求一個人戲劇性地描述出每個部分，以便獲得跟夢者相關的訊息。關於這一點，您的看法如何？

仁波切：我們必須將夢區分爲是源自於習氣，還是升起於明性。如果這些夢起源於日常生活的印象，你當然能夠以你所描述的方式來獲知夢者的情況；如果這些夢是升起於明性，那就另當別論了，這些夢並非只是一種投射。

麥　克：我們在睡覺中起來走動或說夢話的涵義是什麼？

仁波切：如果人們睡得非常沉，作了與習氣，亦即和他們關注的事物有關的夢，他們覺得這是眞的、非常具體，就會非常投入那種情況。這就是爲什麼他們不僅作夢，還會說話和走動。如果你在夢中十分生氣，你可能還會跳起來。

麥　克：有時夢看起來好像以快動作進行，為何會這樣呢？

仁波切：有兩個原因。一個原因是，一般來說我們的心沒有侷限，心作用得非常快速，有時在非常短的時間裡，我們能夢到一整天的活動；另外一個原因是，夢可能跟激動連結在一起，當我們激動時，夢就會變快。

麥　克：夢跟將訊息記憶起來，有沒有任何關連？

仁波切：如果你有覺知的話，就有可能在夢中學習、甚至訓練自己。

麥　克：當我們在淨光中睡眠時，是否還會作夢？

仁波切：如果你在淨光中睡眠，那麼你的夢就會與明性較有連結，而與習氣更加無關，你的夢會變得益發清晰而有意義。

麥　克：我們的作夢狀態和日常醒時的經驗之間，有何差別？

仁波切：醒時的經驗更爲具體，並與我們的執著相連，然而作夢時執著會稍微少些。我們使用「不實」（unreal）這個詞，因為在夢裡我們對於不眞實已經有了概念或瞭解。

麥　克：對於一位喇嘛或優秀的修行者，作夢和醒時經驗之間，在絕對的意義上是否有任何差別？

仁波切：或許當我們能夠完全融攝自己的經驗時，就能發現這兩種狀態具有相同的原理和情況，那時生活就眞的是一場夢。

麥　克：那洛六法[5]中所講的幻身[6]，跟作夢是什麼關係？

仁波切：作夢是證得幻身的主要途徑。如果你有幻身的經驗，就會容易瞭解夢是如何運作的。

麥　克：發展幻身的價值是什麼？

仁波切：以圓熟的幻身，你完全了悟虛幻。

麥　克：當我們發展出幻身的能力時，是否可以在醒時運用這個幻身，就像在睡眠中一樣呢？

仁波切：這是可能的，因爲我們融攝了一切。

麥　克：如果我們在夢中接受了一個教法或傳承，是否像在醒時接受傳承一樣有效？

仁波切：如果你在「作夢狀態」確實是有意識的，那麼就同樣有效。

麥　克：您是否是說，一般來講，如果我們在「作夢狀態」接受傳承時不是清明的，那麼這個傳承就沒有多大價值？

仁波切：例如，有時傳承的夢可能顯示來自王魔[7]的干擾。

麥　克：最近我作了一個夢，我跟一位喇嘛在一起，他跟我解釋我另外一個夢的涵義是什麼。這是一個明性之夢嗎？

仁波切：這要看解釋的是什麼，以及是誰在解釋而定。這樣的夢不總是明性之夢，也可能是惡魔在製造問題。

麥　克：我們如何辨別是眞正傳承的夢，還是擾亂的夢？

仁波切：這有賴於你的瞭解以及你的感受如何。當你的明性得到發展，你就會區別。如果是一個干擾的話，隔天醒來你會感到生氣。

麥　克：一位上師是否能夠進入弟子的夢中呢？

仁波切：是的。

麥　克：是否有其他不尋常的事會在夢裡發生，或是透過夢而發生呢？

仁波切：「不尋常」是個相對的說法，但是我要講幾個故事或者可以說明。很久很久以前在東藏某個省，這個省至今依然存在，有兩戶人家生活在那裡，彼此是親戚。其中一戶人家有一個女兒，她每天都到叫做貢中的山上。

貢中是這個地區一位重要護法居住的地方，山上有一塊特別的岩石，據說是這位當地護法的所依物。這個年輕少女每天都去這塊岩石的附近，把牲畜帶到那裡放牧。她到了那裡，就待在岩石突出部分的下方休息，讓狗和羊四處吃草。一天下起了雨，她躲到岩石底下睡了很久，在她的夢裡，她跟一位年輕且非常強壯的男人在岩石旁。儘管這只是一場夢，但對她來說感覺非常眞實，他們一起聊天並有了性接觸。之後她醒來，並發現她所經歷的是一場夢，但是幾個月後，她卻發現自己懷孕了。她的父母很驚訝，因爲他們住的地方附近沒有其他男人，而且離其他戶人家非常遙遠。

九個月後她生了一個非常強壯的嬰孩，長大後成爲一個特殊的人。他長得不是很好看，但是身體非常強壯。他用許多大樹建了一個房子，並因爲體格強健而遠近馳名。

這個時候，東藏的德格國王爲蒙古的入侵所擾，國王要求此區域所有男人都要當兵以保衛西藏。這個強壯的男人因爲打敗許多蒙古士兵而聲名大噪，後來成爲這個省的首長。這個故事記載於我所讀的一本書裡，這本書是關於我母親家族的歷史和起源。你大概想知道我是否相信這個故事吧？是的。在西藏有很多類似的家族故事，這樣的故事在西藏的古代歷史中並非不尋常的事。

在古代傳統中經常提到獨角鬼（*theurang*）。獨角鬼（*theurang*）是一種眾生，與人類相仿，但不完全是人類（中譯按：「人非人」的一種）。*theurang* 屬於妖厲（*nyen*）[8]一類，大多數當地護法都被認爲來自 *nyen* 類。在 *nyen* 這一類當中，包含稱爲瑪桑（*masang*）和 *theurang* 的眾生。

這些眾生被認爲與人類很接近。如前所述，人類和 *theurang* 之間有性接觸，就會有下一代。事實上，有另外一本關於西藏第一位國王的書，說到這位國王來自東藏一個叫普沃的地區。根據這個由十一世紀大圓滿上師所寫的記載，有一位婦人與 *theurang* 發生關係並生了幾個孩子，其中一個小孩叫烏貝拉。當這個小孩逐漸長大，因爲他具有超能力，一些苯教的祭司使用占卜和星象推算想瞭解他是怎樣的小孩。他們對他的這些能力有點害怕，所以他們說這可能是 *theurang* 的小孩，必須要被帶離這個地區，否則他們會有問題。後來，他們做了些儀式驅趕

theurang，並將他送出普沃。最後他到達中藏。那個時候中藏沒有國王，當人們發現這個小孩具有超能力時，他很快就被推舉成爲藏王。他被稱爲普嘉（Pugyal），「嘉」（*gyal*）的意思是「王」，而「普」（*pu*）則指「來自普沃地區」。因爲他是第一位藏王的緣故，因而他的名字廣爲人知，但絕大多數人並不知道這個名字的由來。而我提到的這本歷史書講述了這個故事，還有其他人類與 *theurang* 衆生接觸的例子。

接下來一個例子是最近發生的。我決定去西藏古代象雄王朝的遺址參訪，我們開車前往，就在快抵達時，我們留下車子，並安排騎馬和犛牛過去。在我們停車的地方有一些古代廢墟，比文化大革命期間被摧毀的還要久遠得多。我們在這些廢墟之間搭起帳篷，四周都是斷垣殘壁，旁邊有個引人好奇的土堆，我問當地人這個地方以前是什麼，他們說古時候這是一個苯教寺廟，稱爲象雄寺。由於這是一個非常古老的寺院，以致訊息有限了。

當晚我作了一個有意思的夢。夢中，有座非常漂亮的寺廟，四扇門面向四個方向。我由東門進入，裡面有一座巨大的三眼瑜伽士的雕像：他的右手拿著一個勝利幢，即勝利之旗；左手托著一個顱器[9]，即頭蓋骨做的杯子。我走到非常靠近雕像時，注意到在這個瑜伽士下面有藏文字，寫著「珍巴南卡」（Trenpa Namkha）。珍巴南卡是一位著名的象雄苯教上師，而不是西藏蓮花生大士的二十五位弟子[10]之一的珍巴南卡。這一位是象雄的珍巴南卡，比堅帕南卡的年代更久遠。

在我的夢裡，我由西門離開這座寺廟，外面有很多佛塔[11]圍繞著我。突然間我所見的景象轉回現在的情景，恢復只有土堆而沒有佛塔的原狀。我想知道究竟發生了什麼事，隨後轉身去看那座寺廟，確實已消失無蹤，全部所剩的就只有些土堆。我很驚訝，想著：「以前這裡曾經有一座寺廟和很多佛塔，如今只有土堆存在了。」在我的夢裡，我意識到這是明性的經驗，然後我看著西邊的一個土堆，這是一個佛塔的遺跡，有道光束從這個佛塔發射出來，類似由水晶或玻璃反射的太陽光。當我走向這道光時，光芒開始減弱；等我來到這個佛塔時，光芒完全消失了。接著我發現佛塔上有一個洞，我心想：「這洞裡肯定有什麼有意思的東西。」於是用手探了進去。這是一個很深的洞，我可以把整個手臂伸進去直到肩膀。我感覺到洞裡有一個東西便拿了出來，這是遠古珍巴南卡時代一個大鵬金翅鳥[12]的雕像。我對自己的發現感到非常高興，然而我知道我正在作夢經歷這整個事件。接著我醒來，此時正是要收拾帳篷的時候，隨後我也忘了這個夢。

當大家正在整備他們的馬和犛牛時，我則在拍攝這些廢墟的影片。在某個位置，我發現自己靠近了夢中發現大鵬金翅鳥雕像那個佛塔所在的土堆，這時我想起我的夢，便朝那個佛塔看看是否有任何光發射出來。儘管沒有光，但我確實看到這個洞。我把手伸進去，洞不像在夢中那麼深，我不得不挖出一些土來，還弄斷了我的指甲。當我搆到幾乎肩膀的深度時，感覺有樣東西，我拉出這個東西，是一個金屬製的大鵬金翅鳥，跟我的夢境一模一樣。這尊雕像非常古老，你可以從我們拍攝的西藏之旅的影片中看到照片。

這件事發生於一九八八年夏天，在西藏的岡底斯山[13]附近。這是一個例子，說明夢是如何與某件具體事物相關連的。

麥　克：夢修的最終結果是什麼？

仁波切：如果我們獲得高度進展，便可以停止作夢；如果是普通進展，則會認識到自己在作夢。至少只要我們加以練習，我們的夢就會越來越清晰而正面。

麥　克：仁波切，您在夢中總是清明的嗎？

仁波切：並不總是如此，這要視情況而定。

註釋

1. 烏地雅納（烏金國 Oddiyana）：這個國家的存在及地點一直飽受學者爭議，不同的地點包括巴基斯坦斯瓦特（Swat）山谷、阿富汗及西藏西部。烏地雅納因爲無上密續和大圓滿密續的發源地而著名，亦被認爲是蓮花生大士的出生地。

2. 助緣（secondary conditions）：主因或業力種子會與助緣相互作用，而顯現出預知未來的夢，這種方式可藉以下虛構的例子來說明。由於此生或過去世所做的惡行，大多數人都積累負債（惡業），這些債是潛在的業力，當業債被償還的時候，可能導致個人受傷或死亡。

在我們所舉的例子中，一位很好的禪修行者一直過著精進的生活，把他的車送去修理剎車。他和修車技師都不記得，在前世他曾經讓這位技師受傷。

由於業力種子的作用，技師並非出自蓄意而未完全修好他的剎車。當這位修行者開車時，不經意地對剎車時的輕微唧唧聲留下印象，且由於他禪修的緣故，通常都能清楚記得夢。當晚他夢到剎車的問題而導致車禍，於是第二天他又把車送回修理廠，進一步檢查後終於找到剎車的瑕疵，避免了可能事故的發生。

在這個故事裡，無論是唧唧聲的細微線索，還是能夠記得夢的個人經驗，都是助緣，有助於可能會發生事件的夢對其顯現。對一位禪修得力的行者而言，助緣會像一般所說的奇蹟那樣出現。

3. 寂忿百尊（*Shitro*, or *Kar gling zhi tro*）：是噶瑪林巴的伏藏法，是在法性中陰升起的五十八位忿怒本尊和四十二位寂靜本尊的景象。寂忿百尊是與死亡過程有關的修持法，臨終時會將明性帶給修習此法的人，以做好準備克服死亡時的障礙，生者也可以修習此法來利益剛死去的人。最終來說，有六種中陰或「中間狀態」對應由死亡到轉生的不同經驗，包括死後的經驗，所有這些在寂忿百尊伏藏法中都有說明。

4. 業力之相或業力之見（karmic vision）：根據佛教的業力理論，我們每一個感知都是先前行動的結果，這些行動導致我們轉生到一個共享「實相」的輪迴道。相同的環境的確會依個體所見而感知不同，根據佛教經典的例子，一條河人類看成清水，地獄眾生看成熔岩，然而一條魚則視其如同圍繞之空氣。

5. 那洛六法（The Six Yogas of Naropa）：那洛六法是由那洛巴所彙編，那洛巴是噶舉派的一位大成就者。這些瑜伽包括以下內容：拙火瑜伽、幻身瑜伽、夢瑜伽、光明瑜伽、中陰瑜伽，和頗瓦瑜伽（遷識）。

6. 幻身（mayic body）：藉修習那洛六法之一，以及一些大圓滿修法而發展出來夢幻般的身體。見第四章之說明。

7. 王魔（嘉波，*gyalpo*）：一種法力強大的眾生，被激怒時會導致諸如疾病等障礙。南開諾布仁波切提到這類眾生會在夢中製造混亂。

8. 妖厲（*nyen*）：屬於八部鬼神（天龍八部），包括瑪桑（*masang*）和獨角鬼（*theurang*）等。

9. 顱器（*kapala*）：儀式用的容器，經常以人的頭蓋骨做成。顱器是由無上密續而來的法器，代表慈悲，因所有有情眾生的血象徵性地盛於其中。

10. 蓮花生大士的二十五位弟子：偉大的蓮花生大士在西藏教授佛法期間的主要西藏

弟子。這二十五位弟子每一位都立誓要在將來轉世爲人身，以便取出伏藏，利益未來的修行者。在此要注意的是，並非所有的伏藏都來自蓮花生大士，例如有些是來自無垢友的伏藏。

11. 佛塔（*chorten*，梵文爲 *stupa*）：一種紀念碑，其設計反映了修道的各個階段，直至證悟。佛塔內部常裝塡宗教的聖物。

12. 大鵬金翅鳥（*garuda*，藏文爲 *khyung*）：一種類似鷹的神話中的鳥。在西藏，大鵬金翅鳥代表火元素，同樣也是閃電的示現。大鵬金翅鳥是龍族（蛇形眾生）的剋星，尤其會被召喚來治療由龍族所造成的疾病，如皮膚病和各類癌症。在印度教傳統中，大鵬金翅鳥半人半鳥，亦爲毗濕奴的坐騎。在其他神話傳說中，大鵬鳥和雷鳥和火鳥有關。

13. 岡底斯山：岡底斯山位於西藏西部，是藏傳佛教裡最爲神聖的一座山，其被認爲是位於世界中心的聖山之原型顯現。岡底斯山同樣也爲苯教、印度教和耆那教所尊崇。

10

掌中佛法

以下是之前未翻譯過的大圓滿修道教言，作者是偉大的寧瑪派禪修大師米龐仁波切（一八四六－一九一四），他試圖以此文指出心的本性。

心之精髓教授：掌中佛法

I.

我頂禮蓮花生大士，
以及吉祥上師，他是文殊師利菩薩[1]智慧的化身，
〔如同〕諸佛及佛子們。
對渴望〔學習〕禪修，以認識心之甚深法義〔的〕眾生，
我將簡要闡釋此心髓教授的入門之道[2]。

首要必須依止一位〔已獲〕證悟體驗之上師的精髓教導，

若未進入上師的教導〔之體驗〕中，

一切禪修之堅持和努力皆如在黑暗中射箭。

由此之故，棄絕一切關於禪修的邪見與造作，

〔精髓〕要點即將〔覺知〕置於不造作、自安住的狀態[3]；赤裸智慧的面目離於心之局限〔即其分別〕，

〔藉〕認證〔此智慧〕，契入精要。

「安住於本來」意即自然無造作之狀態，

一切所顯皆法身[4]本體，內心已然深信，莫捨〔此一知見〕，

〔耽溺〕〔關於修道之〕謬論辨明無異於追逐彩虹。

當禪修體驗升起，作爲不造作狀態下的覺知〔之果〕，這並非藉外在專注，〔而是〕安住於無爲[5]。

神奇呀，〔如此而〕契入知見！

II.

在〔到達〕中間階段的幸運時刻，
藉由憶起「心自身」之自安住狀態，〔吾人〕維持心無所動，
僅住於此境便已足夠，
無造作之心即此無它。
〔若遭〕心智辨析之雲〔所障〕，〔妄生〕禪修之主客分別，
此刻〔要憶起〕本來無造作的心性——「心自身」，廣大如虛空。
〔藉由〕放鬆，放開緊張並驅散〔概念〕執取，
自安住之經驗非四散飄蕩的念頭，
其為明晰燦爛的空性，脫離所有心智執取；
比喻、象徵或言辭皆無以描述〔此一狀態〕。
藉無分別智吾人直接洞察〔究竟〕覺知，

此偉大無偏的空性覺知從未改變，現在未來皆然，
〔此即〕吾人本來面目，由種種虛妄迂迴之虛與概念染污所障。
多麼悲哀！
追逐著海市蜃樓會得到什麼？
緊追種種睡夢目的又是爲何？
向虛空攫取有何利益？
種種概念令人暈頭轉向，
拋開令人筋疲力竭之虛無，放鬆進入本初之境。
眞如之天空〔了知〕輪涅皆幻化遊舞，
雖然五花八門，卻要以一味視之。
〔藉由〕熟習禪定，吾人可即刻憶起天空般覺性，
其赤裸、自安住之生動覺知，超越概念。
〔自然心〕無所謂知或不知，苦或樂，

大樂於〔此〕完全放鬆狀態中升起，
此時，無論行、住、食、睡，吾人持續熟習此狀態，一切盡皆修道，
〔因此〕正念如同天空般覺知，〔甚至〕離於〔正式〕禪坐之時，吾人概念亦大量減少。

III.

在最後階段的幸運時刻，
關注〔行、住、食、睡〕四時[6]，
衍生所有妄念之習氣、心之業風皆被轉化，
〔吾人〕即有能力回歸不動本俱智慧之城。
所謂輪迴[7]只不過是概念。
偉大的智慧超越一切概念，
此時，升起的一切皆顯現圓滿，

大淨光境界晝夜綿延不絕。
藉憶起遍在之基礎地，
離於憶起與非憶起之念，而不離本處。
此時，吾人毋須費力即可成就，
神通、慈悲等基與道之功德皆自升起[8]，沒有例外，
猶如夏日熟草增長，
免於憂慮與自滿、從希望與恐懼中解脫，
它是無始亦無終的殊勝安樂，廣闊一如天空，
此偉大的瑜伽〔像〕是大鵬鳥嬉戲於無偏之大圓滿天空。
多麼美好！
依於上師之精髓教導後，
要顯現此心要智慧的方法
即要廣大如海般地成就〔福德、智慧[9]〕二資糧。

之後，毫無困難地，〔證悟〕將會置於吾人掌中。

多麼神奇！

因此，祈願所有有情眾生，藉此教示功德，皆得親見妙吉祥童子——他是吾人覺性之慈悲力、無上導師、金剛本質〔淨光大圓滿〕。得見此後，願我等此生皆能圓滿證悟。

本文由米龐蔣揚多傑仁波切[10]所著，堪布巴登辛饒、堪布則旺東嘉、黛博拉．洛克伍德和麥克．凱茲英譯。

註釋

1. 文殊師利（Manjushri，妙吉祥）：智慧菩薩。根據佛教傳說，文殊師利是一位安巴（Amba）國王的轉世，他發誓要成爲菩薩以利益所有的有情眾生。
2. 心髓教授（pith instruction）：上師的心要教授；上師給予心子關於禪修的濃縮精髓教授。
3. 不造作狀態（unfabricated state）：感知升起時的當下覺知；不經修改、非由因果產生的純淨覺知。進一步說明參見南開諾布仁波切《日與夜的循環》。
4. 法身（Dharmakaya）：「法」（*dharma*）意指所有的存在；「身」（*kaya*）則指其層面。一切「存有」（being）的基礎地，其本質是明性和光明。在此基礎地中所有現象都被視爲空無自性。
5. 無爲（non-activity）中升起的禪修體驗：大圓滿的禪修是非概念的，只能經由沒有努力地認證個人眞實、無局限之本性才能成就，以行動或努力來成就禪修，與大圓滿修法所強調的放鬆覺知正好相反。

6. 行、住、食或睡：在所有這四種活動中，大圓滿修行者都要努力保持覺知。

7. 輪迴（samsara）：生存的循環，以生、老、病、死和重生來標誌。由貪、瞋和痴所主導，有情眾生不斷在輪迴的六道（包括天、阿修羅、人、畜牲、餓鬼、地獄道）中流轉。

8. 自顯功德（self-arising qualities）：是大圓滿禪修的自然結果，高階修行者可以發展出超常的能力，諸如大智慧、慈悲和眼通等。

9. 二資糧的積累：善行積累福德資糧，禪修積累智慧資糧。儘管兩者在修道上都很重要，但佛陀說過，如果一個人能維持在禪觀狀態（智慧的積累）的時間，相當於一隻螞蟻從一個人的鼻尖爬到額頭那麼長，其功德利益比終生行善和佈施所積累的還大得多。

10. 米龐仁波切（Mipham Rinpoche）：十九世紀著名的藏傳佛教上師和學者，他是巴珠仁波切的弟子，寫下具原創性之大圓滿釋論，以及其他佛教論述。

11

南開諾布仁波切簡傳

南開諾布仁波切藏曆土虎（一九三八）年第十個月份的第八日出生於東藏，他的父親來自貴族家庭，亦爲一位政府官員。

仁波切兩歲時，即被兩位禪修大師認證爲阿宗珠巴（Adzom Drugpa）的轉世。阿宗珠巴是二十世紀早期偉大的大圓滿大師之一，是第一世欽哲仁波切的弟子，也是巴楚仁波切的弟子，這兩位卓越的上師都是十九世紀東藏利美（不分教派）運動的領導者。阿宗珠巴是一位伏藏師，亦即封藏寶藏文本的取出者，三十歲時曾直接從無與倫比的吉美林巴（一七三〇－一七九八）獲得淨觀。阿宗珠巴後來成爲許多當代大圓滿老師的上師，其中包括南開諾布仁波切的叔叔多登烏金丹增，他亦是南開諾布仁波切的第一位大圓滿上師。

南開諾布仁波切八歲時，另外被第十六世大寶法王和第十一世泰錫度仁波切認證爲著名的竹巴噶舉（Drugpa Kagyu）大師阿旺南喬（Ngawang Namgyal, 1594-1651）的轉世，其爲歷史上不丹國的創建者。

從八歲到十四歲，南開諾布仁波切進入佛學院就讀和閉關，跟隨知名上師一起學習，包括女性上師阿育康卓（Ayu Khandro, 1838-1953），那時她已一百一十三歲高齡，且閉黑關長達五十六年。南開諾布仁波切從她那裡接受了眾多的傳承，隨後亦密集閉關修習。

一九五四年，他以西藏青年代表的身分應邀前往中華人民共和國訪問，並於該年起，在中國四川成都少數民族西南大學擔任藏語講師。在中國居住期間，他的漢語和蒙古語亦十分精通。

當他十七歲時，根據夢中所獲得的淨相，回到故鄉德格，前去參見他的根本上師蔣秋多傑仁波切，他住在東邊一個偏遠的山谷裡。蔣秋多傑是一位開業醫師，領導一個完全由在家居士、瑜伽士和瑜伽女組成的社區。南開諾布仁波切從這位大師那裡，接受了更多大圓滿精髓教法的灌頂和傳承；更重要的是，根據南開諾布仁波切所說，這位大師將他直接導入到大圓滿的經驗之中。南開諾布仁波切在蔣秋多傑仁波切那待了約六個月，經常協助行醫，並擔任他的抄寫員和秘書。

爾後，南開諾布仁波切前往中藏、尼泊爾、印度和不丹，展開一次長期的朝聖之旅。待仁波切回到他的出生地德格後，發現惡化的政局已導致武裝衝突的爆發，只好繼續旅行。他首先抵達中藏，最終去了錫金。從一九五八年至一九六〇年，他住在錫金的甘托克，受聘爲錫金政府發展辦公室藏文教科書的作者和編輯。一九六〇年當他二十二歲時，應圖齊（Giuseppe Tucci）教授之邀，前往義大利羅馬並定居若干年。

自一九六四年迄今，南開諾布仁波切一直擔任那不勒斯大學東方學院的教授，教導藏語、蒙古語和西藏文化史（中譯註：南開諾布仁波切已於九〇年代退休）。他對西藏文化的歷史起源作了廣泛的學術研究，調查研究來自苯教傳統鮮爲人知的文獻資料。一九八三年，南開諾布仁波切主持在義大利威尼斯舉行的第一屆西藏醫學國際研討會。過去二十五年來，南開諾布仁波切在不同的國家非正式地帶領傳法禪修，在這些禪修營中，他以一種不分教派的形式給予大圓滿修行的實修指導，同時亦教授西藏文化的內容，尤其是幻輪瑜伽、西藏醫學和星象學。南開諾布仁波切亦爲十多本大圓滿禪修書籍的作者，包括《水晶與光道》和《日與夜的循環》。

以上內容大部分由約翰・雷諾斯摘自藏文傳記，由本書編者重新編輯而成。

參考書目

Artemidorus, D. *Oneirocritica*. Park Ridge, NJ: Noyes Press, 1975.

Boss, M. *The Analysis of Dreams*. New York: Philosophical Library, 1958.

Castaneda, C. *Journey to Ixtlan*. New York: Simon & Schuster, 1972.

——. *The Teaching of Don Juan*. New York: Simon & Schuster, 1968.

Craig, R.E. "The Realness of Dreams". In R. Russo, ed., *Dreams Are Wiser Than Men*. Berkeley: North Atlantic Books, 1987.

Da Liu. *Tai Chi Chuan and Meditation*. New York: Schocken Books, 1986.

Eliade, M. *Shamanism: Archaic Techniques of Ecstasy*. London: Routledge & Kegan Paul, 1970.

Faraday, A. *The Dream Came*. New York: Harper & Row, 1974.

——. *Dream Power*. New York: Berkley Medallion Books, 1973.

Fossage, J. L., Clemens, & Loew, eds. *Dream Interpretation: A Comprehensive Study*. Revised. New York: P.M.A., 1987.

Freud, S. *The Interpretation of Dreams*. New York: Avon Books, 1965.

——. "Introductory Lectures on Psychoanalysis," In *The Standard Edition of the Complete Psychological Works of Sigmund Freud*, Vol. 15. New York: Hogarth Press, 1916.

Gampopa. *The Jewel Ornament of Liberation*. Trans. Herbert Guenther. Berkeley: Shambhala, 1981.

Garfield, P. *Creative Dreaming*. New York: Ballantine, 1974.

Gendlin, E. *Let Your Body Interpret Your Dreams*. Wilmette, IL: Chiron Publications,1986.

Grant, J. *Dreamers*. Bath: Ashgrove Press, 1984.

Grossinger, R. "The Dreamwork." In R.Russo,ed., *Dreams Are Wiser Than Men*. Berkeley: North Atlantic Books, 1987.

Gyatrul Rinpoche. *Ancient Wisdom*. Trans.B. Alan Wallace and Sangye Khandro. Ithaca: Snow Lion Publications, 1993.

Hall, C. & Lind, R. *Dream Life and Literature: A Study of Franz Kafka*. Chapel Hill: University of North Carolina Press, 1970.

His Holiness the Dalai Lama. Ed. Varela, Francisco. *Sleeping, Dreaming, and Dying*. Boston: Wisdom Publications,1997.

Hobson, J.A. *The Dreaming Brain*. New York: Basic Books, 1988.

Jung, C. *Memories, Dreams, Reflections*. London: Routledge & Kegan Paul, 1963.

Kelzer, K. "The Sun and the Shadow." In R.Russo, ed. *Dreams are Wiser than Men*. Berkeley: North Atlantic Books, 1987.

Kongtrul, Jamgon. *The Torch of Certainty*. Trans. Judith Hanson. Boston: Shambhala, 1986.

LaBerge, S. *Lucid Dreaming*. New York: Ballantine Books, 1986.

LaBerge, S. and Rheingold, H. *Exploring the World of Lucid Dreaming*. New York: Ballantine Books, 1990.

Lama Lodö. *Bardo Teachings*. Ithaca: Snow Lion Publications, 1987.

Leakey, R. & Lewin, R. *People of the Lake*. New York: Avon, 1979.

Lincoln, J. *The Dream in Primitive Cultures*. Baltimore: Williams & Wilkins, 1935.

Loewe, M. & Blacker, C. *Oracles and Divination*. Boulder: Shamabhala, 1981.

Mass, C. Scott. *The Hypnotic Invention of Dreams*. New York: Wiley, 1967.

McGuire, J. *Night and Day*. New York: Simon & Schuster, 1989.

Mindell, A. *Dreambody*. Boston: Sigo Press, 1982.

——. *Working with the Dream Body*. London: Routledge and Kegan Paul, 1985.

Norbu, Chogyal Namkhai. *The Crystal and the Way of Light*. John Shane, ed. Ithaca: Snow Lion Publications,2000.

——. *The Cycle of Day and Night*. John Reynolds,ed. Barrytown: Station Hill Press, 1984.

——. *The Little Song of Do as You Please*. Arcidosso, Italy: Shang Shung Edizioni, 1986.

——. *Yantra Yoga*. Oliver Leick,ed. Gleisdorf, Austria: Edition Tsaparang, 1988.

——.*The Phowa Practice*. Adriano Clemente,ed. Arcidosso, Italy:Shang Shung Edizioni, 2000.

Ouspensky, RD. *The Fourth Way*. New York: Vintage Books, 1971.

Perls, F. *In and Out of the Garbage Pail*. Moab, Utah: Real People Press, 1969.

Reynolds, John. *Self-Liberation Through Seeing with Naked Awareness*. Ithaca: Snow Lion Publications, 2000.

Saint Denys, H. *Dreams and How to Guide Them*. London, Duckworth, 1982.

Stewart,K. "Dream Theory in Malaya." In C. Tart,ed., *Altered States of Consciousness*. New York:Doubleday,1971.

Sutton, P. ed. *Dreamings: The Art of Aboriginal Australia*. New York: George Braziller & The Asia Society Galleries Publications, 1988.

Tart, Charles, ed. *Altered States of Consciousness*. New York, Wiley Publishers, 1969.

Tulku, T. *Openness Mind*. Berkeley: Dharma Publishing, 1978.

Wangyal, Tenzin. *The Tibetan Yogas of Dream and Sleep*. Ithaca: Snow Lion Publications, 1998.

相關網站：

http://www.lucidity.com 由史蒂芬・拉貝吉（Stephen LaBerge）所建網站，內容包括加強清明夢與穩定清明夢的方法。

http://www.asdreams.org 由夢研究協會（the Association for the Study of Dreams）創建的網站。

善知識系列 JB0065
夢瑜伽與自然光的修習

作　　者／南開諾布仁波切
譯　　者／歌者
審　　校／The VoidOne、石曉蔚
資深編輯／劉芸蓁
行　　銷／劉順衆、顏宏紋、李君宜

總 編 輯／張嘉芳
出　　版／橡樹林文化
城邦文化事業股份有限公司
台北市民生東路二段141號5樓
電話：(02)25007696 傳眞：(02)25001951
發　　行／英屬蓋曼群島家庭傳媒股份有限公司城邦分公司
台北市民生東路二段141號2樓
書虫客服服務專線：(02)25007718；(02)25007719
24小時傳眞專線：(02)25001990；(02)25001991
服務時間：週一至週五上午09:30-12:00；下午1:30-17:00
劃撥帳號：19863813；戶名：書虫股份有限公司
讀者服務信箱：service@readingclub.com.tw
城邦讀書花園網址：ww.cite.com.tw
香港發行所／城邦（香港）出版集團有限公司
香港灣仔駱克道193號東超商業中心1樓
電話：(852)25086231 傳眞：(852)25789337
E-mail：hkcite@biznetvigator.com
馬新發行所／城邦（馬新）出版集團【Cite(M) Sdn.Bhd.(458372 U)】
11, Jalan 30D/146, Desa Tasik, Sungai Besi,
57000 Kuala Lumpur, Malaysia
電話：(603)90563833 傳眞：(603)90562833

版面構成／雅典編輯排版工作室
封面設計／李男設計有限公司
印　　刷／崎威彩藝有限公司

初版一刷／2010年5月
初版三刷／2011年3月
ISBN／978-986-6409-18-9
大圓滿同修會國際出版序號：649CH11
定價／280元

城邦讀書花園
www.cite.com.tw

國家圖書館出版品預行編目資料

夢瑜伽與自然光的修習 / 南開諾布仁波切（Chögyal Namkhai Norbu）著；歌者譯；The VoidOne、石曉蔚審校 . -- 初版 . -- 臺北市：橡樹林文化，城邦文化出版：家庭傳媒城邦分公司發行，2010. 05
面； 公分 . --（善知識系列；JB0065）
譯自：Dream Yoga and the Practice of Natural Light

ISBN 978-986-6409-18-9（平裝）

1. 藏傳佛教 2. 佛教修持 3. 夢

226.965　　99006536

橡樹林文化書目

【善知識系列】

JB0001	狂喜之後	傑克·康菲爾德◎著	380 元
JB0002	抉擇未來	達賴喇嘛◎著	250 元
JB0003	佛性的遊戲	舒亞·達斯喇嘛◎著	300 元
JB0004	東方大日	邱陽·創巴仁波切◎著	300 元
JB0005	幸福的修煉	達賴喇嘛◎著	230 元
JB0006	與生命相約	一行禪師◎著	240 元
JB0007	森林中的法語	阿姜查◎著	320 元
JB0008	重讀釋迦牟尼	陳兵◎著	320 元
JB0009	你可以不生氣	一行禪師◎著	230 元
JB0010	禪修地圖	達賴喇嘛◎著	280 元
JB0011	你可以不怕死	一行禪師◎著	250 元
JB0012	平靜的第一堂課－觀呼吸	德寶法師◎著	260 元
JB0013	正念的奇蹟	一行禪師◎著	220 元
JB0014	觀照的奇蹟	一行禪師◎著	220 元
JB0015	阿姜查的禪修世界—戒	阿姜查◎著	220 元
JB0016	阿姜查的禪修世界—定（第二部）	阿姜查◎著	250 元
JB0017	阿姜查的禪修世界—慧（第三部）	阿姜查◎著	230 元
JB0018	遠離四種執著	究給·企千仁波切◎著	280 元
JB0019	禪者的初心	鈴木俊隆◎著	220 元
JB0020X	心的導引	薩姜·米龐仁波切◎著	240 元
JB0021X	佛陀的聖弟子傳 1	向智長老◎著	240 元
JB0022	佛陀的聖弟子傳 2	向智長老◎著	200 元
JB0023	佛陀的聖弟子傳 3	向智長老◎著	200 元
JB0024	佛陀的聖弟子傳 4	向智長老◎著	260 元
JB0025	正念的四個練習	喜戒禪師◎著	260 元
JB0026	遇見藥師佛	堪千創古仁波切◎著	270 元
JB0027	見佛殺佛	一行禪師◎著	220 元
JB0028	無常	阿姜查◎著	220 元
JB0029	覺悟勇士—香巴拉的智慧傳承	邱陽·創巴仁波切◎著	230 元
JB0030	正念之道	向智長老◎著	280 元
JB0031	師父—與阿姜查共處的歲月	保羅·布里特◎著	260 元
JB0032	統御你的世界	薩姜·米龐仁波切◎著	240 元

JB0033	親近釋迦牟尼佛	髻智比丘◎著	430 元
JB0034	藏傳佛教的第一堂課	卡盧仁波切◎著	300 元
JB0035	拙火之樂－那洛六瑜伽修行心要	圖敦・耶喜喇嘛◎著	280 元
JB0036	心與科學的交會	亞瑟・札炯克◎著	330 元
JB0037	你可以，愛	一行禪師◎著	220 元
JB0038	專注力－禪修 10 階釋放心智潛能	B・艾倫・華勒士◎著	250 元
JB0039	輪迴的故事	慈誠羅珠堪布◎著	270 元
JB0040	成佛的藍圖	堪千創古仁波切◎著	270 元
JB0041	事情並非總是如此	鈴木俊隆禪師◎著	240 元
JB0042	祈禱的力量	一行禪師◎著	250 元
JB0043	培養慈悲心	圖丹・卻准◎著	320 元
JB0044	當光亮照破黑暗	達賴喇嘛◎著	300 元
JB0045	覺照在當下	優婆夷 紀・那那蓉◎著	300 元
JB0046	大手印暨觀音儀軌修法	卡盧仁波切◎著	340 元
JB0047	蔣貢康楚閉關手冊	蔣貢康楚羅卓泰耶◎著	220 元
JB0048	開始學習禪修	凱薩琳・麥唐諾◎著	300 元
JB0049	我可以這樣改變人生	堪布慈囊仁波切◎著	250 元
JB0050	不生氣的生活	W・伐札梅諦◎著	250 元
JB0051	智慧明光：《心經》	堪布慈囊仁波切◎著	250 元
JB0052	一心走路	一行禪師◎著	280 元
JB0054	觀世音菩薩妙明教示	堪布慈囊仁波切◎著	
JB0055	世界心精華寶	貝瑪仁增仁波切◎著	280 元
JB0056	到達心靈的彼岸	堪千・阿貝仁波切◎著	220 元
JB0057	慈心禪	慈濟瓦法師◎著	230 元
JB0058	慈悲與智見	達賴喇嘛◎著	320 元
JB0059	親愛的喇嘛梭巴	喇嘛梭巴仁波切◎著	320 元
JB0060	轉心	蔣康祖古仁波切◎著	260 元
JB0061	遇見上師之後	詹杜固仁波切◎著	320 元
JB0062	白話《菩提道次第廣論》	宗喀巴大師◎著	500 元
JB0063	離死之心	竹慶本樂仁波切◎著	400 元
JB0064	生命真正的力量	一行禪師◎著	280 元
JB0065	夢瑜伽與自然光的修習	南開諾布仁波切◎著	280 元
JB0066	實證佛教導論	呂真觀◎著	500 元
JB0067	最勇敢的女性菩薩－綠度母	堪布慈囊仁波切◎著	350 元
JB0068	建設淨土－《阿彌陀經》禪解	一行禪師◎著	240 元
JB0069	接觸大地－與佛陀的親密對話	一行禪師◎著	220 元
JB0070	安住於清淨自性中	達賴喇嘛◎著	480 元
JB0071 & 72	菩薩行的祕密【上、下冊】	寂天菩薩◎著	799 元